기본 연산
Check-Book

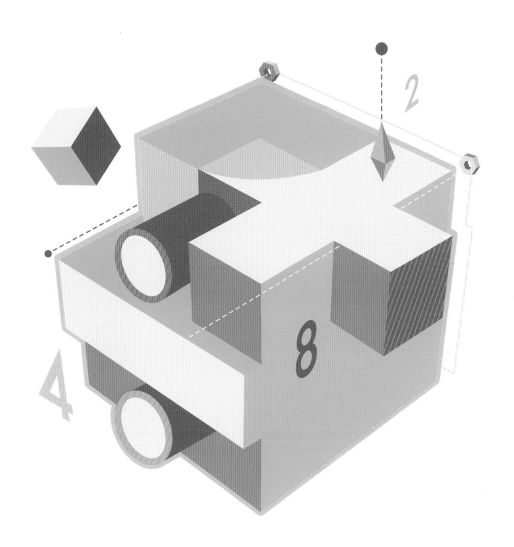

초등3 4호

분수

분수 나타내기

1주

❶ 2는 7의 $\dfrac{\square}{\square}$ 입니다.

❷ 5는 7의 $\dfrac{\square}{\square}$ 입니다.

❸ 3은 6의 $\dfrac{\square}{\square}$ 입니다.

❹ 4는 6의 $\dfrac{\square}{\square}$ 입니다.

❺ 4는 5의 $\dfrac{\square}{\square}$ 입니다.

❻ 3은 5의 $\dfrac{\square}{\square}$ 입니다.

❼ 1은 8의 $\dfrac{\square}{\square}$ 입니다.

❽ 2는 8의 $\dfrac{\square}{\square}$ 입니다.

❾ 1은 3의 $\dfrac{\square}{\square}$ 입니다.

❿ 2는 3의 $\dfrac{\square}{\square}$ 입니다.

⑪ 2는 4의 $\dfrac{\square}{\square}$ 입니다.

⑫ 3은 4의 $\dfrac{\square}{\square}$ 입니다.

⑬ 7은 9의 $\dfrac{\square}{\square}$ 입니다.

⑭ 4는 9의 $\dfrac{\square}{\square}$ 입니다.

⑮

4는 10의 $\dfrac{\square}{5}$ 입니다.

6은 10의 $\dfrac{\square}{5}$ 입니다.

8은 10의 $\dfrac{\square}{5}$ 입니다.

⑯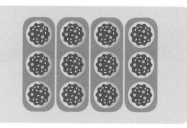

3은 12의 $\dfrac{\square}{4}$ 입니다.

6은 12의 $\dfrac{\square}{4}$ 입니다.

9는 12의 $\dfrac{\square}{4}$ 입니다.

⑰

3은 15의 $\dfrac{\square}{5}$ 입니다.

9는 15의 $\dfrac{\square}{5}$ 입니다.

12는 15의 $\dfrac{\square}{5}$ 입니다.

⑱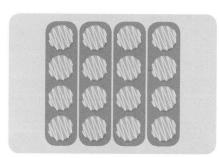

4는 16의 $\dfrac{\square}{4}$ 입니다.

8은 16의 $\dfrac{\square}{4}$ 입니다.

12는 16의 $\dfrac{\square}{4}$ 입니다.

전체와 분수

①

16의 $\frac{1}{4}$은 □ 입니다.

16의 $\frac{2}{4}$는 □ 입니다.

16의 $\frac{3}{4}$은 □ 입니다.

②

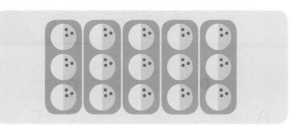

15의 $\frac{1}{5}$은 □ 입니다.

15의 $\frac{2}{5}$는 □ 입니다.

15의 $\frac{3}{5}$은 □ 입니다.

③

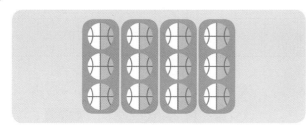

12의 $\frac{1}{4}$은 □ 입니다.

12의 $\frac{2}{4}$는 □ 입니다.

12의 $\frac{3}{4}$은 □ 입니다.

④

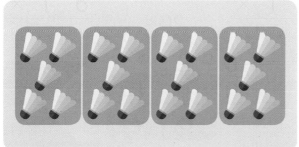

20의 $\frac{1}{4}$은 □ 입니다.

20의 $\frac{2}{4}$는 □ 입니다.

20의 $\frac{3}{4}$은 □ 입니다.

❺

18의 $\frac{1}{6}$은 ☐ 입니다.

18의 $\frac{2}{6}$는 ☐ 입니다.

18의 $\frac{3}{6}$은 ☐ 입니다.

❻

10의 $\frac{1}{5}$은 ☐ 입니다.

10의 $\frac{2}{5}$는 ☐ 입니다.

10의 $\frac{3}{5}$은 ☐ 입니다.

❼

12의 $\frac{1}{6}$은 ☐ 입니다.

12의 $\frac{2}{6}$는 ☐ 입니다.

12의 $\frac{3}{6}$은 ☐ 입니다.

❽

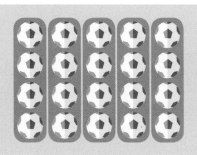

20의 $\frac{1}{5}$은 ☐ 입니다.

20의 $\frac{2}{5}$는 ☐ 입니다.

20의 $\frac{3}{5}$은 ☐ 입니다.

수직선과 분수

❶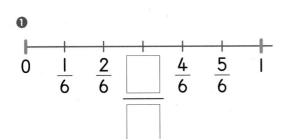

❷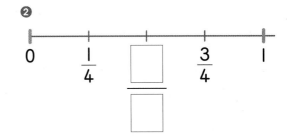

❸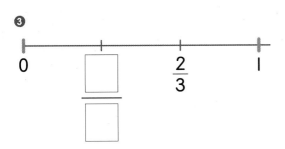

❹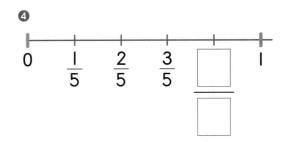

❺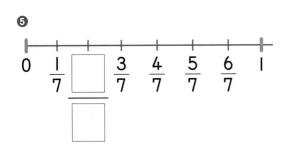

❻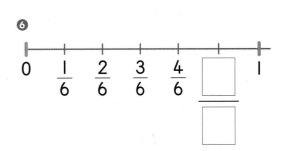

❼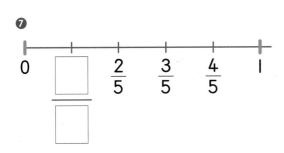

❽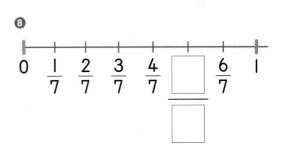

❾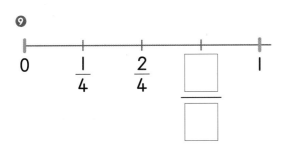

❿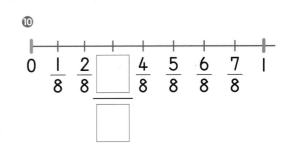

자르는 선

⑪

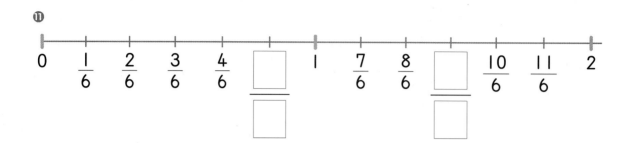

⑫

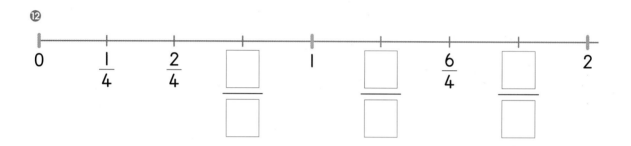

⑬

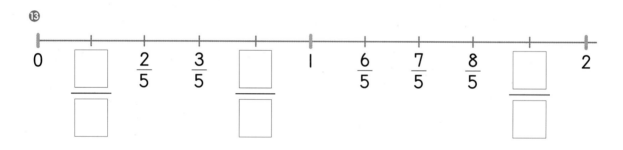

⑭

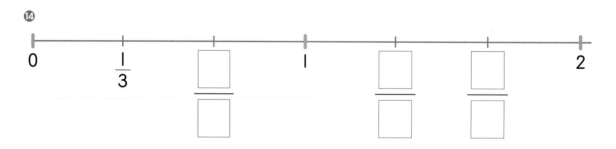

⑮

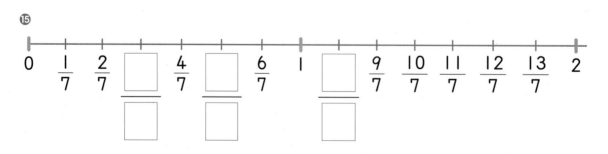

자르는 선

①

$\dfrac{2}{7}$ ——— 진분수

$1\dfrac{3}{7}$ 가분수

$\dfrac{10}{3}$ 대분수

②

$\dfrac{5}{8}$ 가분수

$1\dfrac{3}{5}$ 진분수

$\dfrac{9}{4}$ 대분수

③

$2\dfrac{1}{3}$ 대분수

$\dfrac{4}{3}$ 진분수

$\dfrac{3}{5}$ 가분수

④

$\dfrac{3}{9}$ 가분수

$\dfrac{10}{8}$ 대분수

$1\dfrac{2}{3}$ 진분수

⑤

$\dfrac{7}{6}$ 진분수

$1\dfrac{3}{4}$ 가분수

$\dfrac{3}{4}$ 대분수

⑥

$\dfrac{5}{9}$ 진분수

$1\dfrac{3}{8}$ 대분수

$\dfrac{8}{3}$ 가분수

자르는 선

❼ $\dfrac{2}{9}$ 진분수

　$\dfrac{8}{3}$ 가분수

　$1\dfrac{1}{4}$ 대분수

❽ $1\dfrac{1}{2}$

　$\dfrac{3}{2}$

　$\dfrac{2}{3}$

❾ $\dfrac{2}{7}$

　$\dfrac{7}{2}$

　$1\dfrac{2}{7}$

❿ $\dfrac{9}{8}$

　$\dfrac{2}{7}$

　$1\dfrac{2}{3}$

⓫ $\dfrac{4}{9}$

　$1\dfrac{4}{9}$

　$\dfrac{13}{9}$

⓬ $2\dfrac{1}{3}$

　$\dfrac{10}{3}$

　$\dfrac{4}{5}$

⓭ $\dfrac{3}{10}$

　$\dfrac{8}{7}$

　$3\dfrac{2}{3}$

⓮ $\dfrac{10}{9}$

　$2\dfrac{4}{7}$

　$\dfrac{4}{12}$

⓯ $\dfrac{3}{7}$

　$1\dfrac{5}{6}$

　$\dfrac{9}{5}$

자르는 선

1 $\dfrac{1}{5} + \dfrac{2}{5} = \dfrac{\boxed{1} + \boxed{2}}{5}$

$\qquad\qquad = \dfrac{\boxed{3}}{5}$

2 $\dfrac{2}{7} + \dfrac{2}{7} = \dfrac{\boxed{} + \boxed{}}{7}$

$\qquad\qquad = \dfrac{\boxed{}}{7}$

3 $\dfrac{3}{6} + \dfrac{2}{6} = \dfrac{\boxed{} + \boxed{}}{6}$

$\qquad\qquad = \dfrac{\boxed{}}{6}$

4 $\dfrac{1}{4} + \dfrac{2}{4} = \dfrac{\boxed{} + \boxed{}}{4}$

$\qquad\qquad = \dfrac{\boxed{}}{4}$

5 $\dfrac{2}{5} + \dfrac{2}{5} = \dfrac{\boxed{} + \boxed{}}{5}$

$\qquad\qquad = \dfrac{\boxed{}}{5}$

6 $\dfrac{3}{7} + \dfrac{1}{7} = \dfrac{\boxed{} + \boxed{}}{7}$

$\qquad\qquad = \dfrac{\boxed{}}{7}$

7 $\dfrac{3}{8} + \dfrac{1}{8} = \dfrac{\boxed{} + \boxed{}}{8}$

$\qquad\qquad = \dfrac{\boxed{}}{8}$

8 $\dfrac{2}{9} + \dfrac{2}{9} = \dfrac{\boxed{} + \boxed{}}{9}$

$\qquad\qquad = \dfrac{\boxed{}}{9}$

⑨ $\dfrac{3}{8} + \dfrac{2}{8} = \dfrac{\square}{8}$

⑩ $\dfrac{2}{7} + \dfrac{2}{7} = \dfrac{\square}{7}$

⑪ $\dfrac{3}{9} + \dfrac{1}{9} = \dfrac{\square}{9}$

⑫ $\dfrac{1}{6} + \dfrac{1}{6} = \dfrac{\square}{6}$

⑬ $\dfrac{1}{4} + \dfrac{1}{4} = \dfrac{\square}{4}$

⑭ $\dfrac{2}{5} + \dfrac{1}{5} = \dfrac{\square}{5}$

⑮ $\dfrac{3}{7} + \dfrac{2}{7} = \dfrac{\square}{7}$

⑯ $\dfrac{1}{8} + \dfrac{2}{8} = \dfrac{\square}{8}$

⑰ $\dfrac{1}{3} + \dfrac{1}{3} = \dfrac{\square}{3}$

⑱ $\dfrac{1}{7} + \dfrac{5}{7} = \dfrac{\square}{7}$

⑲ $\dfrac{2}{9} + \dfrac{3}{9} = \dfrac{\square}{9}$

⑳ $\dfrac{6}{8} + \dfrac{1}{8} = \dfrac{\square}{8}$

㉑ $\dfrac{3}{5} + \dfrac{1}{5} = \dfrac{\square}{5}$

㉒ $\dfrac{4}{8} + \dfrac{2}{8} = \dfrac{\square}{8}$

㉓ $\dfrac{3}{9} + \dfrac{3}{9} = \dfrac{\square}{9}$

㉔ $\dfrac{2}{7} + \dfrac{2}{7} = \dfrac{\square}{7}$

㉕ $\dfrac{3}{8} + \dfrac{4}{8} = \dfrac{\square}{8}$

㉖ $\dfrac{4}{9} + \dfrac{3}{9} = \dfrac{\square}{9}$

자르는 선

분수 뺄셈

❶ $\dfrac{2}{3} - \dfrac{1}{3} = \dfrac{\boxed{2} - \boxed{1}}{3}$

$= \dfrac{\boxed{1}}{3}$

❷ $\dfrac{4}{5} - \dfrac{1}{5} = \dfrac{\boxed{} - \boxed{}}{5}$

$= \dfrac{\boxed{}}{5}$

❸ $\dfrac{6}{7} - \dfrac{4}{7} = \dfrac{\boxed{} - \boxed{}}{7}$

$= \dfrac{\boxed{}}{7}$

❹ $\dfrac{7}{8} - \dfrac{2}{8} = \dfrac{\boxed{} - \boxed{}}{8}$

$= \dfrac{\boxed{}}{8}$

❺ $\dfrac{5}{6} - \dfrac{3}{6} = \dfrac{\boxed{} - \boxed{}}{6}$

$= \dfrac{\boxed{}}{6}$

❻ $\dfrac{5}{9} - \dfrac{4}{9} = \dfrac{\boxed{} - \boxed{}}{9}$

$= \dfrac{\boxed{}}{9}$

❼ $\dfrac{3}{5} - \dfrac{1}{5} = \dfrac{\boxed{} - \boxed{}}{5}$

$= \dfrac{\boxed{}}{5}$

❽ $\dfrac{5}{7} - \dfrac{1}{7} = \dfrac{\boxed{} - \boxed{}}{7}$

$= \dfrac{\boxed{}}{7}$

⑨ $\dfrac{3}{4} - \dfrac{1}{4} = \dfrac{\boxed{}}{4}$

⑩ $\dfrac{4}{5} - \dfrac{3}{5} = \dfrac{\boxed{}}{5}$

⑪ $\dfrac{5}{6} - \dfrac{4}{6} = \dfrac{\boxed{}}{6}$

⑫ $\dfrac{5}{6} - \dfrac{2}{6} = \dfrac{\boxed{}}{6}$

⑬ $\dfrac{7}{8} - \dfrac{1}{8} = \dfrac{\boxed{}}{8}$

⑭ $\dfrac{5}{8} - \dfrac{2}{8} = \dfrac{\boxed{}}{8}$

⑮ $\dfrac{6}{7} - \dfrac{5}{7} = \dfrac{\boxed{}}{7}$

⑯ $\dfrac{3}{4} - \dfrac{2}{4} = \dfrac{\boxed{}}{4}$

⑰ $\dfrac{4}{6} - \dfrac{3}{6} = \dfrac{\boxed{}}{6}$

⑱ $\dfrac{4}{6} - \dfrac{1}{6} = \dfrac{\boxed{}}{6}$

⑲ $\dfrac{4}{5} - \dfrac{2}{5} = \dfrac{\boxed{}}{5}$

⑳ $\dfrac{5}{7} - \dfrac{2}{7} = \dfrac{\boxed{}}{7}$

㉑ $\dfrac{3}{5} - \dfrac{2}{5} = \dfrac{\boxed{}}{5}$

㉒ $\dfrac{6}{8} - \dfrac{3}{8} = \dfrac{\boxed{}}{8}$

㉓ $\dfrac{5}{6} - \dfrac{1}{6} = \dfrac{\boxed{}}{6}$

㉔ $\dfrac{8}{9} - \dfrac{2}{9} = \dfrac{\boxed{}}{9}$

㉕ $\dfrac{4}{9} - \dfrac{1}{9} = \dfrac{\boxed{}}{9}$

㉖ $\dfrac{6}{7} - \dfrac{3}{7} = \dfrac{\boxed{}}{7}$

자르는 선

❶ $1\dfrac{2}{5} = \dfrac{\boxed{5}}{5} + \dfrac{2}{5} = \dfrac{\boxed{7}}{5}$

❷ $1\dfrac{2}{3} = \dfrac{\boxed{}}{3} + \dfrac{2}{3} = \dfrac{\boxed{}}{3}$

❸ $2\dfrac{1}{3} = \dfrac{\boxed{}}{3} + \dfrac{1}{3} = \dfrac{\boxed{}}{3}$

❹ $2\dfrac{1}{4} = \dfrac{\boxed{}}{4} + \dfrac{1}{4} = \dfrac{\boxed{}}{4}$

❺ $1\dfrac{3}{5} = \dfrac{\boxed{}}{5} + \dfrac{3}{5} = \dfrac{\boxed{}}{5}$

❻ $2\dfrac{1}{2} = \dfrac{\boxed{}}{2} + \dfrac{1}{2} = \dfrac{\boxed{}}{2}$

❼ $3\dfrac{1}{2} = \dfrac{\boxed{}}{2} + \dfrac{1}{2} = \dfrac{\boxed{}}{2}$

❽ $2\dfrac{2}{3} = \dfrac{\boxed{}}{3} + \dfrac{2}{3} = \dfrac{\boxed{}}{3}$

❾ $1\dfrac{2}{5} = \dfrac{\boxed{}}{5} + \dfrac{2}{5} = \dfrac{\boxed{}}{5}$

❿ $4\dfrac{1}{2} = \dfrac{\boxed{}}{2} + \dfrac{1}{2} = \dfrac{\boxed{}}{2}$

⓫ $1\dfrac{1}{3} = \dfrac{\boxed{}}{3} + \dfrac{1}{3} = \dfrac{\boxed{}}{3}$

⓬ $1\dfrac{4}{5} = \dfrac{\boxed{}}{5} + \dfrac{4}{5} = \dfrac{\boxed{}}{5}$

⓭ $2\dfrac{1}{2} = \dfrac{\boxed{}}{2} + \dfrac{1}{2} = \dfrac{\boxed{}}{2}$

⓮ $1\dfrac{2}{4} = \dfrac{\boxed{}}{4} + \dfrac{2}{4} = \dfrac{\boxed{}}{4}$

⑮ $\dfrac{7}{4} = \dfrac{4}{4} + \dfrac{\square}{4} = \square\dfrac{\square}{4}$

⑯ $\dfrac{8}{5} = \dfrac{5}{5} + \dfrac{\square}{5} = \square\dfrac{\square}{5}$

⑰ $\dfrac{6}{4} = \dfrac{4}{4} + \dfrac{\square}{4} = \square\dfrac{\square}{4}$

⑱ $\dfrac{4}{3} = \dfrac{3}{3} + \dfrac{\square}{3} = \square\dfrac{\square}{3}$

⑲ $\dfrac{7}{3} = \dfrac{6}{3} + \dfrac{\square}{3} = \square\dfrac{\square}{3}$

⑳ $\dfrac{7}{5} = \dfrac{5}{5} + \dfrac{\square}{5} = \square\dfrac{\square}{5}$

㉑ $\dfrac{7}{6} = \dfrac{6}{6} + \dfrac{\square}{6} = \square\dfrac{\square}{6}$

㉒ $\dfrac{5}{2} = \dfrac{4}{2} + \dfrac{\square}{2} = \square\dfrac{\square}{2}$

㉓ $\dfrac{5}{3} = \dfrac{3}{3} + \dfrac{\square}{3} = \square\dfrac{\square}{3}$

㉔ $\dfrac{7}{4} = \dfrac{4}{4} + \dfrac{\square}{4} = \square\dfrac{\square}{4}$

㉕ $\dfrac{9}{2} = \dfrac{8}{2} + \dfrac{\square}{2} = \square\dfrac{\square}{2}$

㉖ $\dfrac{8}{3} = \dfrac{6}{3} + \dfrac{\square}{3} = \square\dfrac{\square}{3}$

㉗ $\dfrac{6}{5} = \dfrac{5}{5} + \dfrac{\square}{5} = \square\dfrac{\square}{5}$

㉘ $\dfrac{9}{4} = \dfrac{8}{4} + \dfrac{\square}{4} = \square\dfrac{\square}{4}$

자르는 선

① $\dfrac{2}{3}$ $<$ $\dfrac{4}{3}$

② $\dfrac{5}{7}$ ◯ $\dfrac{2}{7}$

③ $\dfrac{9}{6}$ ◯ $\dfrac{3}{6}$

④ $\dfrac{11}{8}$ ◯ $\dfrac{9}{8}$

⑤ $\dfrac{3}{9}$ ◯ $\dfrac{7}{9}$

⑥ $\dfrac{11}{2}$ ◯ $\dfrac{9}{2}$

⑦ $\dfrac{6}{3}$ ◯ $\dfrac{7}{3}$

⑧ $\dfrac{8}{7}$ ◯ $\dfrac{4}{7}$

⑨ $\dfrac{3}{8}$ ◯ $\dfrac{1}{8}$

⑩ $\dfrac{9}{4}$ ◯ $1\dfrac{1}{4}$

⑪ $\dfrac{9}{8}$ ◯ $1\dfrac{3}{8}$

⑫ $\dfrac{4}{9}$ ◯ $1\dfrac{1}{9}$

⑬ $\dfrac{9}{6}$ ◯ $1\dfrac{2}{6}$

⑭ $\dfrac{8}{5}$ ◯ $1\dfrac{2}{5}$

⑮ $\dfrac{8}{3}$ ◯ $2\dfrac{1}{3}$

⑯ $\dfrac{7}{2}$ ◯ $2\dfrac{1}{2}$

⑰ $\dfrac{7}{5}$ ◯ $1\dfrac{3}{5}$

⑱ $\dfrac{7}{4}$ ◯ $1\dfrac{2}{4}$

⑲ $\dfrac{8}{3}$ ◯ $3\dfrac{1}{3}$

⑳ $\dfrac{6}{4}$ ◯ $1\dfrac{2}{4}$

㉑ $\dfrac{9}{6}$ ◯ $1\dfrac{5}{6}$

㉒ $2\dfrac{2}{4}$ ◯ $2\dfrac{1}{4}$ 　㉓ $3\dfrac{6}{7}$ ◯ $3\dfrac{5}{7}$ 　㉔ $5\dfrac{3}{8}$ ◯ $5\dfrac{4}{8}$

㉕ $5\dfrac{2}{3}$ ◯ $1\dfrac{1}{3}$ 　㉖ $7\dfrac{2}{4}$ ◯ $8\dfrac{3}{4}$ 　㉗ $4\dfrac{4}{5}$ ◯ $3\dfrac{2}{5}$

㉘ $4\dfrac{3}{5}$ ◯ $6\dfrac{1}{5}$ 　㉙ $3\dfrac{7}{8}$ ◯ $4\dfrac{2}{8}$ 　㉚ $6\dfrac{3}{6}$ ◯ $5\dfrac{2}{6}$

㉛ $1\dfrac{1}{7}$ ◯ $\dfrac{9}{7}$ 　㉜ $4\dfrac{1}{2}$ ◯ $\dfrac{5}{2}$ 　㉝ $1\dfrac{3}{4}$ ◯ $\dfrac{9}{4}$

㉞ $2\dfrac{2}{3}$ ◯ $\dfrac{7}{3}$ 　㉟ $3\dfrac{1}{3}$ ◯ $\dfrac{8}{3}$ 　㊱ $2\dfrac{1}{4}$ ◯ $\dfrac{8}{4}$

㊲ $1\dfrac{4}{6}$ ◯ $\dfrac{9}{6}$ 　㊳ $1\dfrac{1}{7}$ ◯ $\dfrac{9}{7}$ 　㊴ $1\dfrac{3}{5}$ ◯ $\dfrac{9}{5}$

㊵ $3\dfrac{1}{2}$ ◯ $\dfrac{8}{2}$ 　㊶ $2\dfrac{3}{5}$ ◯ $\dfrac{12}{5}$ 　㊷ $4\dfrac{3}{4}$ ◯ $\dfrac{18}{4}$

자르는 선

정 답

1주 분수 나타내기
1~2쪽

❶ $\dfrac{2}{7}$　❷ $\dfrac{5}{7}$　❸ $\dfrac{3}{6}$　❹ $\dfrac{4}{6}$　❺ $\dfrac{4}{5}$　❻ $\dfrac{3}{5}$　❼ $\dfrac{1}{8}$　❽ $\dfrac{2}{8}$　❾ $\dfrac{1}{3}$　❿ $\dfrac{2}{3}$　⓫ $\dfrac{2}{4}$　⓬ $\dfrac{3}{4}$

⓭ $\dfrac{7}{9}$　⓮ $\dfrac{4}{9}$　⓯ 2, 3, 4　⓰ 1, 2, 3　⓱ 1, 3, 4　⓲ 1, 2, 3

2주 전체와 분수
3~4쪽

❶ 4, 8, 12　❷ 3, 6, 9　❸ 3, 6, 9　❹ 5, 10, 15　❺ 3, 6, 9　❻ 2, 4, 6

❼ 2, 4, 6　❽ 4, 8, 12

3주 수직선과 분수
5~6쪽

❶ $\dfrac{3}{6}$　❷ $\dfrac{2}{4}$　❸ $\dfrac{1}{3}$　❹ $\dfrac{4}{5}$　❺ $\dfrac{2}{7}$　❻ $\dfrac{5}{6}$　❼ $\dfrac{1}{5}$　❽ $\dfrac{5}{7}$　❾ $\dfrac{3}{4}$　❿ $\dfrac{3}{8}$　⓫ $\dfrac{5}{6}, \dfrac{9}{6}$

⓬ $\dfrac{3}{4}, \dfrac{5}{4}, \dfrac{7}{4}$　⓭ $\dfrac{1}{5}, \dfrac{4}{5}, \dfrac{9}{5}$　⓮ $\dfrac{2}{3}, \dfrac{4}{3}, \dfrac{5}{3}$　⓯ $\dfrac{3}{7}, \dfrac{5}{7}, \dfrac{8}{7}$

4주 분수의 종류
7~8쪽

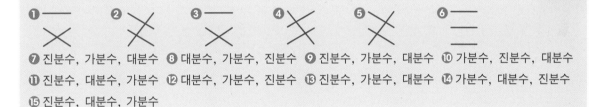

❼ 진분수, 가분수, 대분수　❽ 대분수, 가분수, 진분수　❾ 진분수, 가분수, 대분수　❿ 가분수, 진분수, 대분수

⓫ 진분수, 대분수, 가분수　⓬ 대분수, 가분수, 진분수　⓭ 진분수, 가분수, 대분수　⓮ 가분수, 대분수, 진분수

⓯ 진분수, 대분수, 가분수

5주 분수 덧셈
9~10쪽

❶ 1, 2, 3　❷ 2, 2, 4　❸ 3, 2, 5　❹ 1, 2, 3　❺ 2, 2, 4　❻ 3, 1, 4

❼ 3, 1, 4　❽ 2, 2, 4　❾ 5　❿ 4　⓫ 4　⓬ 2　⓭ 2　⓮ 3　⓯ 5　⓰ 3

⓱ 2　⓲ 6　⓳ 5　⓴ 7　㉑ 4　㉒ 6　㉓ 6　㉔ 4　㉕ 7　㉖ 7

6주 분수 뺄셈
11~12쪽

❶ 2, 1, 1　❷ 4, 1, 3　❸ 6, 4, 2　❹ 7, 2, 5　❺ 5, 3, 2　❻ 5, 4, 1

❼ 3, 1, 2　❽ 5, 1, 4　❾ 2　❿ 1　⓫ 1　⓬ 3　⓭ 6　⓮ 3　⓯ 1　⓰ 1

⓱ 1　⓲ 3　⓳ 2　⓴ 3　㉑ 1　㉒ 3　㉓ 4　㉔ 6　㉕ 3　㉖ 3

7주 가분수 대분수
13~14쪽

❶ 5, 7　❷ 3, 5　❸ 6, 7　❹ 8, 9　❺ 5, 8　❻ 4, 5　❼ 6, 7　❽ 6, 8　❾ 5, 7　❿ 8, 9　⓫ 3, 4　⓬ 5, 9

⓭ 4, 5　⓮ 4, 6　⓯ 3, 1, 3　⓰ 3, 1, 3　⓱ 2, 1, 2　⓲ 1, 1, 1　⓳ 1, 2, 1

⓴ 2, 1, 2　㉑ 1, 1, 1　㉒ 1, 2, 1　㉓ 2, 1, 2　㉔ 3, 1, 3　㉕ 1, 4, 1

㉖ 2, 2, 2　㉗ 1, 1, 1　㉘ 1, 2, 1

8주 분수의 크기 비교
15~16쪽

❶ <　❷ >　❸ >　❹ >　❺ <　❻ >　❼ <　❽ >　❾ >　❿ >　⓫ <　⓬ <

⓭ >　⓮ >　⓯ >　⓰ >　⓱ <　⓲ >　⓳ <　⓴ =　㉑ <　㉒ >　㉓ >　㉔ <

㉕ >　㉖ <　㉗ >　㉘ >　㉙ <　㉚ >　㉛ >　㉜ >　㉝ <　㉞ >　㉟ >　㊱ >

㊲ >　㊳ <　㊴ <　㊵ <　㊶ >　㊷ >

사고셈

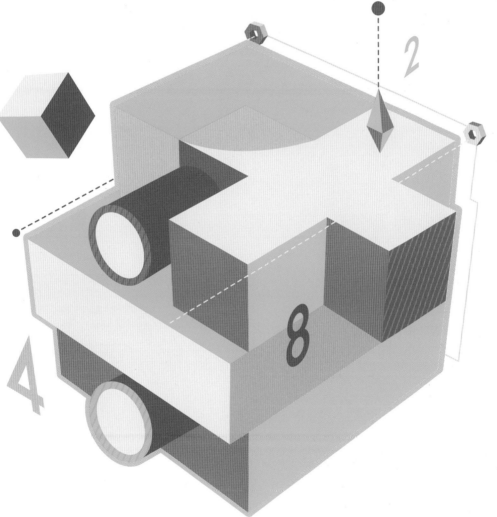

초등3 4호

이 책의 **구성과 특징**

생각의 힘을 키우는 사고(思考)셈은 1주 4개, 8주 32개의 사고력 유형 학습을 통해 수와 연산에 대한 개념의 응용력(추론 및 문제해결능력)을 키울 수 있도록 하였습니다.

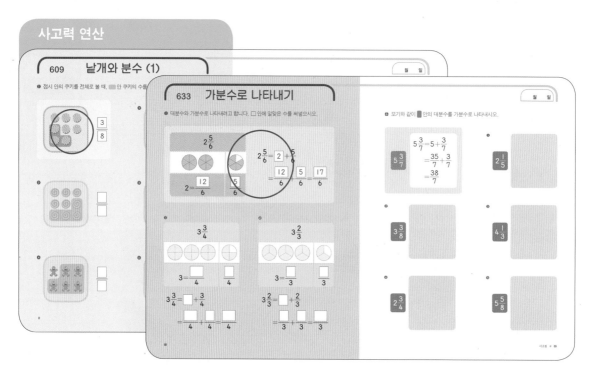

🔷 대표 사고력 유형으로 연산 원리를 쉽게쉽게

🔷 1~4일차: 다양한 유형의 주 진도 학습

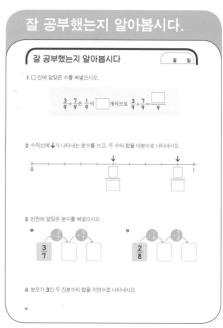

🔷 5일차 점검 학습: 주 진도 학습 확인

○ 권두부록 (기본연산 Check-Book)

기본연산 Check-Book

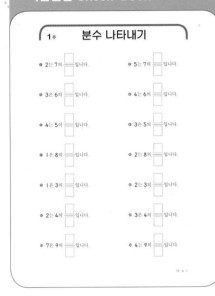

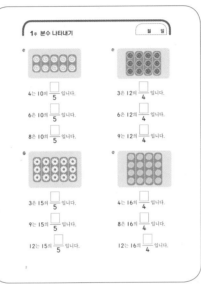

🔷 본 학습 전 기본연산 실력 진단

○ 권말부록 (G-Book)

Guide Book (정답 및 해설)

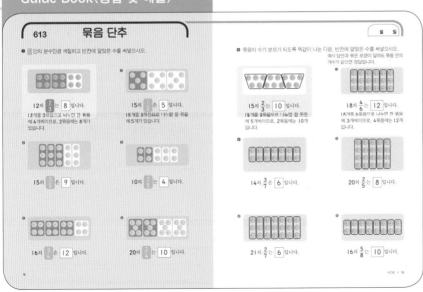

🔷 문제와 답을 한 눈에!

🔷 상세한 풀이와 친절한 해설, 답

학습 효과 및 활용법

학습 효과

수학적 사고력 향상

생각의 다양성 향상

스스로 생각을 만드는 직관 학습

추론능력, 문제해결력 향상

연산의 원리 이해

수·연산 영역 완벽 대비

다양한 유형으로 수 조작력 향상

진도 학습 및 점검 학습으로
연산 학습 완성

사고셈

주차별 활용법

1단계
기본연산
Check-Book으로
준비 학습

2단계
사고력 유형으로
진도 학습

3단계
마무리 문제로
점검 학습

1단계 : 기본연산 Check-Book으로 사고력 연산을 위한 준비 학습을 합니다.
2단계 : 사고력 유형으로 사고력 연산의 진도 학습을 합니다.
3단계 : 한 주마다 점검 학습(잘 공부했는지 알아봅시다)으로 사고력 향상을 확인합니다.

학습 구성

6세

1호	10까지의 수
2호	더하기 빼기 1과 2
3호	합이 9까지인 덧셈
4호	한 자리 수의 뺄셈과 세 수의 계산

7세

1호	한 자리 수의 덧셈과 뺄셈
2호	10 만들기
3호	50까지의 수
4호	더하기 빼기 1과 2, 10과 20

초등 1

1호	덧셈구구
2호	뺄셈구구와 덧셈, 뺄셈 혼합
3호	100까지의 수, 1000까지의 수
4호	받아올림, 받아내림 없는 두 자리 수의 계산

초등 2

1호	두 자리 수와 한 자리 수의 덧셈과 뺄셈
2호	두 자리 수의 덧셈과 뺄셈
3호	곱셈구구
4호	곱셈과 나눗셈 구구

초등 3

1호	세·네 자리 수의 덧셈과 뺄셈
2호	분수와 소수의 기초
3호	두 자리 수의 곱셈과 나눗셈
4호	분수

초등 4

1호	분수의 덧셈과 뺄셈
2호	혼합 계산
3호	소수의 덧셈과 뺄셈
4호	어림하기

이 책의 **학습 로드맵**

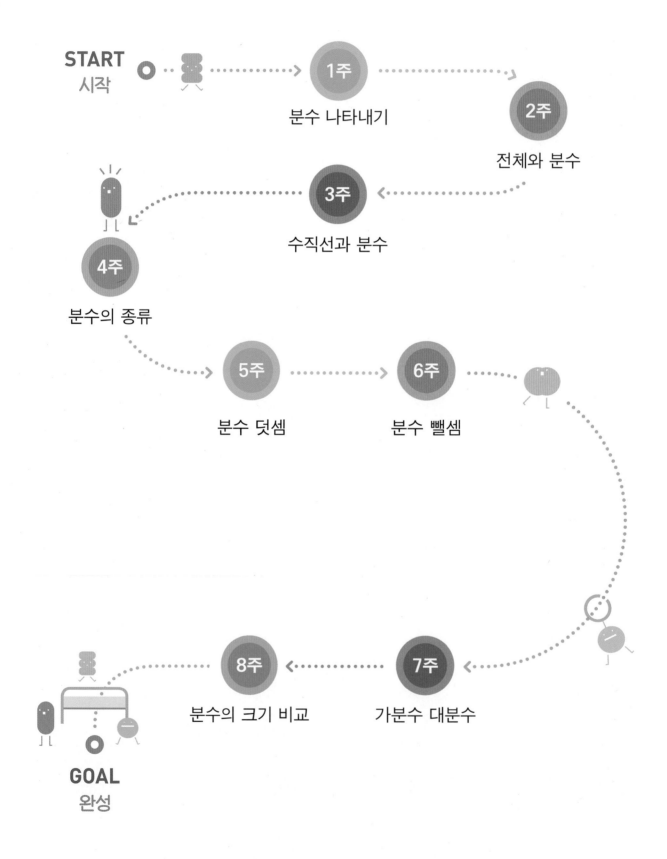

START
시작

1주
분수 나타내기

2주
전체와 분수

3주
수직선과 분수

4주
분수의 종류

5주
분수 덧셈

6주
분수 뺄셈

7주
가분수 대분수

8주
분수의 크기 비교

GOAL
완성

1

분수 나타내기

낱개와 분수 (1)

● 접시 안의 쿠키를 전체로 볼 때, 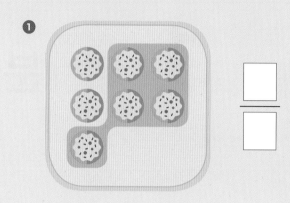 안 쿠키의 수를 분수로 나타내시오.

$$\frac{3}{8}$$

①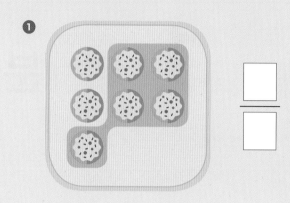

$$\frac{}{}$$

②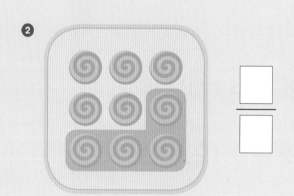

$$\frac{}{}$$

③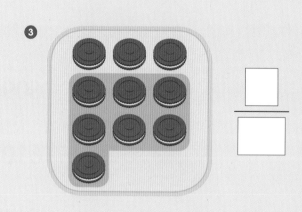

$$\frac{}{}$$

④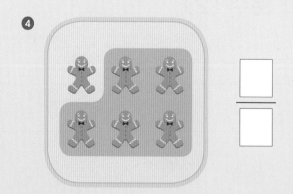

$$\frac{}{}$$

⑤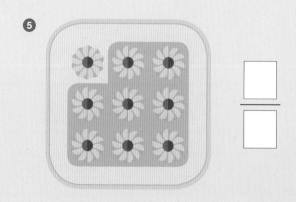

$$\frac{}{}$$

⊕ 분수로 나타내고 ☐ 안에 알맞은 수를 써넣으시오.

$\dfrac{3}{5}$

3은 5의 $\dfrac{3}{5}$ 입니다.

❶

$\dfrac{}{}$

6은 11의 $\dfrac{}{}$ 입니다.

❷

$\dfrac{}{}$

2는 9의 $\dfrac{}{}$ 입니다.

❸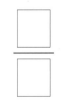

$\dfrac{}{}$

7은 10의 $\dfrac{}{}$ 입니다.

❹

$\dfrac{}{}$

7은 12의 $\dfrac{}{}$ 입니다.

낱개와 분수 (2)

◐ ● 안의 수만큼 ◯를 그려 과일을 묶고, □ 안에 알맞은 수를 써넣으시오.

5 는 **9**의 $\dfrac{5}{9}$ 입니다.

❶

4 는 **7**의 $\dfrac{}{}$ 입니다.

❷

3 은 **8**의 $\dfrac{}{}$ 입니다.

❸

7 은 **9**의 $\dfrac{}{}$ 입니다.

❹

2 는 **11**의 $\dfrac{}{}$ 입니다.

❖ □ 안에 알맞은 수를 써넣으시오.

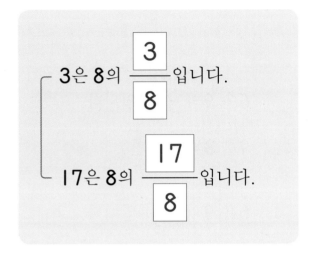

3은 8의 $\dfrac{3}{8}$ 입니다.

17은 8의 $\dfrac{17}{8}$ 입니다.

❶ 6은 13의 $\dfrac{\square}{\square}$ 입니다.

14는 13의 $\dfrac{\square}{\square}$ 입니다.

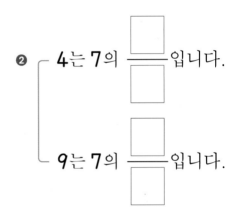

❷ 4는 7의 $\dfrac{\square}{\square}$ 입니다.

9는 7의 $\dfrac{\square}{\square}$ 입니다.

❸ 6은 11의 $\dfrac{\square}{\square}$ 입니다.

12는 11의 $\dfrac{\square}{\square}$ 입니다.

❹ 9는 10의 $\dfrac{\square}{\square}$ 입니다.

11은 10의 $\dfrac{\square}{\square}$ 입니다.

❺ 7은 16의 $\dfrac{\square}{\square}$ 입니다.

19는 16의 $\dfrac{\square}{\square}$ 입니다.

묶음과 분수 (1)

◐ 칠해진 부분을 낱개와 묶음 두 가지 방법으로 분수로 나타낸 것입니다. □ 안에 알맞은 수를 써넣으시오.

$$\frac{6}{9} = \frac{2}{3}$$

6은 9의 $\frac{6}{9}$ 입니다.

9를 3씩 묶으면

6은 9의 $\frac{2}{3}$ 입니다.

❶

$$\frac{\boxed{}}{16} = \frac{\boxed{}}{4}$$

12는 16의 $\frac{\boxed{}}{16}$ 입니다.

16을 4씩 묶으면

12는 16의 $\frac{\boxed{}}{4}$ 입니다.

❷

$$\frac{\boxed{}}{15} = \frac{\boxed{}}{5}$$

12는 15의 $\frac{\boxed{}}{15}$ 입니다.

15를 3씩 묶으면

12는 15의 $\frac{\boxed{}}{5}$ 입니다.

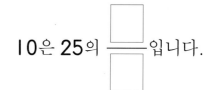

♦ 칠해진 묶음의 수를 분수로 나타내고 □ 안에 알맞은 수를 써넣으시오.

18개를 3씩 묶으면

$\dfrac{5}{6}$

15는 18의 $\dfrac{5}{6}$ 입니다.

❶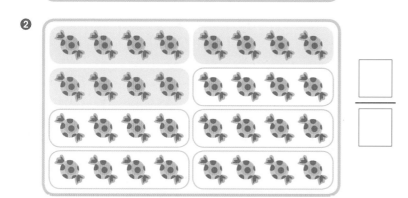

25개를 5씩 묶으면

$\dfrac{\square}{\square}$

10은 25의 $\dfrac{\square}{\square}$ 입니다.

❷

32개를 4씩 묶으면

$\dfrac{\square}{\square}$

12는 32의 $\dfrac{\square}{\square}$ 입니다.

❸

16개를 4씩 묶으면

$\dfrac{\square}{\square}$

12는 16의 $\dfrac{\square}{\square}$ 입니다.

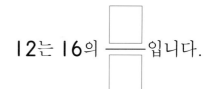

묶음과 분수 (2)

● ◖◗ ◖안의 수씩 묶고 □ 안에 알맞은 수를 써넣으시오.

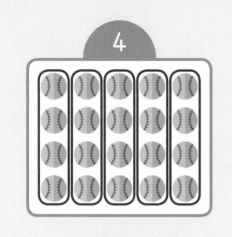

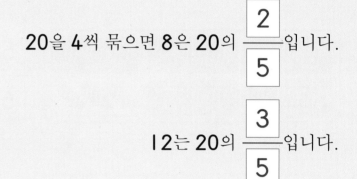

20을 4씩 묶으면 8은 20의 $\dfrac{2}{5}$ 입니다.

12는 20의 $\dfrac{3}{5}$ 입니다.

❶

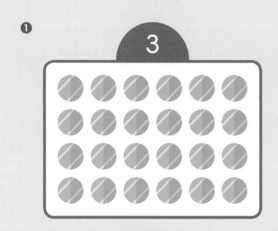

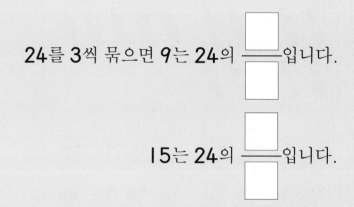

24를 3씩 묶으면 9는 24의 $\dfrac{\square}{\square}$ 입니다.

15는 24의 $\dfrac{\square}{\square}$ 입니다.

❷

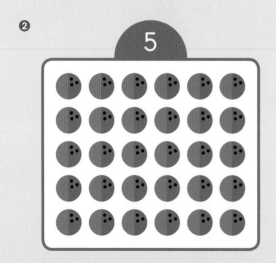

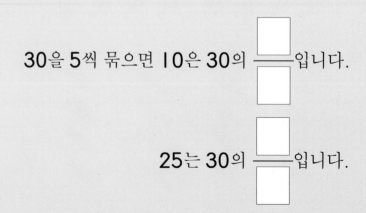

30을 5씩 묶으면 10은 30의 $\dfrac{\square}{\square}$ 입니다.

25는 30의 $\dfrac{\square}{\square}$ 입니다.

✛ ☐ 안에 알맞은 수를 써넣으시오.

30을 6씩 묶었습니다.

6은 30의 $\dfrac{1}{5}$ 입니다.

18은 30의 $\dfrac{3}{5}$ 입니다.

24는 30의 $\dfrac{4}{5}$ 입니다.

❶ **36을 4씩 묶었습니다.**

4는 36의 $\dfrac{\ }{\ }$ 입니다.

28은 36의 $\dfrac{\ }{\ }$ 입니다.

32는 36의 $\dfrac{\ }{\ }$ 입니다.

❷ **42를 6씩 묶었습니다.**

6은 42의 $\dfrac{\ }{\ }$ 입니다.

12는 42의 $\dfrac{\ }{\ }$ 입니다.

24는 42의 $\dfrac{\ }{\ }$ 입니다.

❸ **48을 8씩 묶었습니다.**

8은 48의 $\dfrac{\ }{\ }$ 입니다.

24는 48의 $\dfrac{\ }{\ }$ 입니다.

40은 48의 $\dfrac{\ }{\ }$ 입니다.

1 칠해진 부분을 낱개와 묶음 두 가지 방법으로 분수로 나타낸 것입니다. □ 안에 알맞은 수를 써넣으시오.

6은 8의 $\dfrac{\square}{8}$ 입니다.

6은 2씩 묶으면 6은 8의 $\dfrac{\square}{\square}$ 입니다.

2 □ 안에 알맞은 수를 써넣으시오.

❶ 30을 6씩 묶으면 12는 30의 $\dfrac{\square}{\square}$ 입니다.

❷ 30을 10씩 묶으면 20은 30의 $\dfrac{\square}{\square}$ 입니다.

3 감자가 18개 있습니다. 그중 3개는 할머니께 드리고 9개는 이웃집에 드렸습니다. □ 안에 알맞은 수를 써넣으시오.

❶ 18을 3씩 묶으면 감자 3개는 18개의 $\dfrac{\square}{\square}$ 입니다.

❷ 18을 9씩 묶으면 감자 9개는 18개의 $\dfrac{\square}{\square}$ 입니다.

2 전체와 분수

묶음 단추

● ▮ 안의 분수만큼 색칠하고 빈칸에 알맞은 수를 써넣으시오.

12의 $\dfrac{2}{3}$ 는 8 입니다.

①

15의 $\dfrac{1}{3}$ 은 ☐ 입니다.

②

15의 $\dfrac{3}{5}$ 은 ☐ 입니다.

③

10의 $\dfrac{2}{5}$ 는 ☐ 입니다.

④

16의 $\dfrac{3}{4}$ 은 ☐ 입니다.

⑤

20의 $\dfrac{2}{4}$ 는 ☐ 입니다.

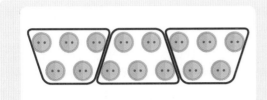

묶음의 수가 분모가 되도록 똑같이 나눈 다음, 빈칸에 알맞은 수를 써넣으시오.

15의 $\frac{2}{3}$는 $\boxed{10}$ 입니다.

❶ 18의 $\frac{4}{6}$는 $\boxed{}$ 입니다.

❷ 14의 $\frac{3}{7}$은 $\boxed{}$ 입니다.

❸ 20의 $\frac{2}{5}$는 $\boxed{}$ 입니다.

❹ 21의 $\frac{2}{7}$는 $\boxed{}$ 입니다.

❺ 16의 $\frac{5}{8}$는 $\boxed{}$ 입니다.

18과 24

● 18을 여러 가지 방법으로 나누었습니다. 빈칸에 알맞은 수를 써넣으시오.

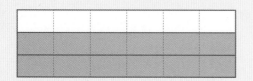

18의 $\frac{2}{3}$ 는 12 입니다.

①

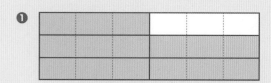

18의 $\frac{5}{6}$ 는 ☐ 입니다.

②

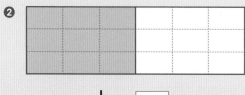

18의 $\frac{1}{2}$ 은 ☐ 입니다.

③

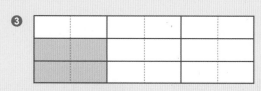

18의 $\frac{2}{9}$ 는 ☐ 입니다.

④

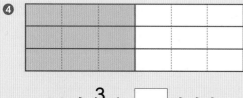

18의 $\frac{3}{6}$ 은 ☐ 입니다.

⑤

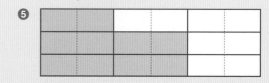

18의 $\frac{5}{9}$ 는 ☐ 입니다.

⑥

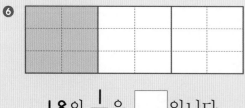

18의 $\frac{1}{3}$ 은 ☐ 입니다.

⑦

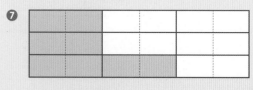

18의 $\frac{4}{9}$ 는 ☐ 입니다.

● 분수만큼 색칠하고 빈칸에 알맞은 수를 써넣으시오.

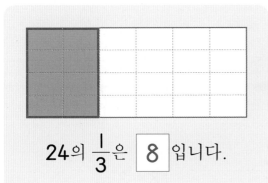

24의 $\frac{1}{3}$은 8 입니다.

❶

24의 $\frac{2}{3}$는 □ 입니다.

❷
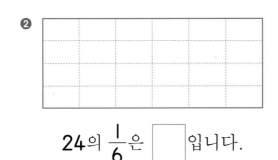

24의 $\frac{1}{6}$은 □ 입니다.

❸
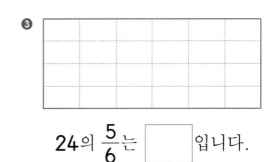

24의 $\frac{5}{6}$는 □ 입니다.

❹
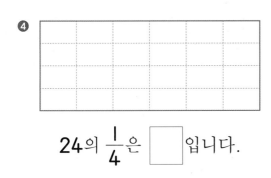

24의 $\frac{1}{4}$은 □ 입니다.

❺
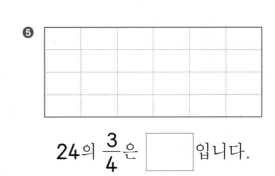

24의 $\frac{3}{4}$은 □ 입니다.

❻
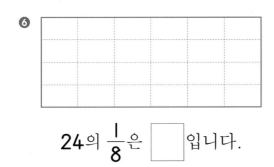

24의 $\frac{1}{8}$은 □ 입니다.

❼
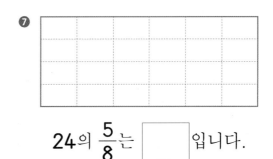

24의 $\frac{5}{8}$는 □ 입니다.

단위분수만큼

● 그림을 보고 빈칸에 알맞은 수를 써넣으시오.

$20 \div 5 = \boxed{4}$

20의 $\frac{1}{5}$은 $\boxed{4}$ 입니다.

❶

$18 \div 3 = \boxed{}$

18의 $\frac{1}{3}$은 $\boxed{}$ 입니다.

❷

$21 \div 7 = \boxed{}$

21의 $\frac{1}{7}$은 $\boxed{}$ 입니다.

❸

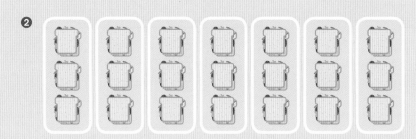

$32 \div 4 = \boxed{}$

32의 $\frac{1}{4}$은 $\boxed{}$ 입니다.

❹

$24 \div 6 = \boxed{}$

24의 $\frac{1}{6}$은 $\boxed{}$ 입니다.

✚ 나눗셈을 이용하여 자연수의 단위분수만큼을 구하시오.

15의 $\frac{1}{5}$ 은 $\boxed{3}$ 입니다.

$$15 \div 5 = \boxed{3}$$

❶ 12의 $\frac{1}{6}$ 은 $\boxed{}$ 입니다.

$$12 \div 6 = \boxed{}$$

❷ 18의 $\frac{1}{6}$ 은 $\boxed{}$ 입니다.

$$18 \div 6 = \boxed{}$$

❸ 21의 $\frac{1}{3}$ 은 $\boxed{}$ 입니다.

$$21 \div 3 = \boxed{}$$

❹ 32의 $\frac{1}{8}$ 은 $\boxed{}$ 입니다.

$$32 \div 8 = \boxed{}$$

❺ 16의 $\frac{1}{8}$ 은 $\boxed{}$ 입니다.

$$16 \div 8 = \boxed{}$$

❻ 12의 $\frac{1}{4}$ 은 $\boxed{}$ 입니다.

$$12 \div 4 = \boxed{}$$

❼ 24의 $\frac{1}{3}$ 은 $\boxed{}$ 입니다.

$$24 \div 3 = \boxed{}$$

분수만큼

● 빈칸에 알맞은 수를 써넣으시오.

15의 $\frac{1}{5}$은 $\boxed{3}$ 입니다.

$\frac{3}{5}$은 $\frac{1}{5}$이 $\boxed{3}$ 개입니다.

15의 $\frac{3}{5}$은 $\boxed{9}$ 입니다.

❶

12의 $\frac{1}{6}$은 $\boxed{}$ 입니다.

$\frac{5}{6}$는 $\frac{1}{6}$이 $\boxed{}$ 개입니다.

12의 $\frac{5}{6}$는 $\boxed{}$ 입니다.

❷

18의 $\frac{1}{3}$은 $\boxed{}$ 입니다.

$\frac{2}{3}$는 $\frac{1}{3}$이 $\boxed{}$ 개입니다.

18의 $\frac{2}{3}$는 $\boxed{}$ 입니다.

❸

16의 $\frac{1}{4}$은 $\boxed{}$ 입니다.

$\frac{3}{4}$은 $\frac{1}{4}$이 $\boxed{}$ 개입니다.

16의 $\frac{3}{4}$은 $\boxed{}$ 입니다.

❹

32의 $\frac{1}{8}$은 $\boxed{}$ 입니다.

$\frac{3}{8}$은 $\frac{1}{8}$이 $\boxed{}$ 개입니다.

32의 $\frac{3}{8}$은 $\boxed{}$ 입니다.

❺

20의 $\frac{1}{10}$은 $\boxed{}$ 입니다.

$\frac{7}{10}$은 $\frac{1}{10}$이 $\boxed{}$ 개입니다.

20의 $\frac{7}{10}$은 $\boxed{}$ 입니다.

● 보기와 같이 자연수의 분수만큼을 구하시오.

18의 $\dfrac{5}{6}$는 $\boxed{15}$ 입니다.

18의 $\dfrac{1}{6}$은 $18 \div 6 = 3$

18의 $\dfrac{5}{6}$는 $3 \times 5 = 15$

❶ 20의 $\dfrac{3}{10}$은 $\square$ 입니다.

❷ 32의 $\dfrac{7}{8}$은 $\square$ 입니다.

❸ 15의 $\dfrac{4}{5}$는 $\square$ 입니다.

❹ 36의 $\dfrac{3}{4}$은 $\square$ 입니다.

❺ 36의 $\dfrac{5}{6}$는 $\square$ 입니다.

잘 공부했는지 알아봅시다

1 □ 안에 알맞은 수를 써넣으시오.

$$28의 \frac{1}{4} 은 28 \div 4 = \boxed{} 입니다.$$

$$28의 \frac{3}{4} 은 \boxed{} \times 3 = \boxed{} 입니다.$$

2 하루는 **24**시간입니다. 동현이의 하루의 일과를 보고 □ 안에 알맞은 수를 써넣으시오.

하루의 $\frac{1}{3}$ 은 잠을 잡니다. → $\boxed{}$ 시간

하루의 $\frac{1}{4}$ 은 공부를 합니다. → $\boxed{}$ 시간

하루의 $\frac{1}{8}$ 은 밥을 먹습니다. → $\boxed{}$ 시간

남은 시간은 $\boxed{}$ 시간입니다.

3 길이가 **21** cm인 끈을 사서 $\frac{1}{3}$ 은 선물을 포장하는 데 사용하였습니다. 남은 끈의 길이는 몇 cm입니까?

26

3 수직선과 분수

수직선에 분수 쓰기

◑ 수직선의 빈칸에 알맞은 분수를 써넣으시오.

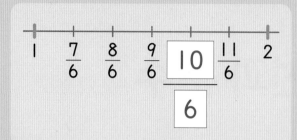

❶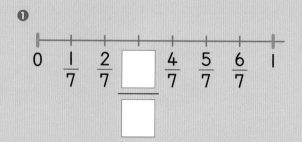

❷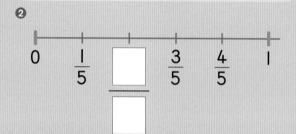

❸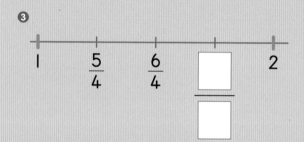

❹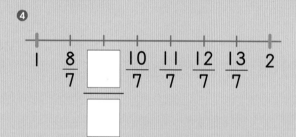

❺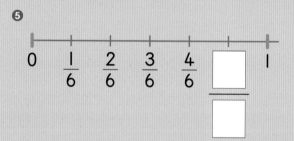

❻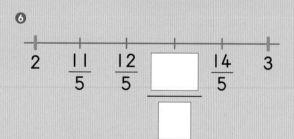

❼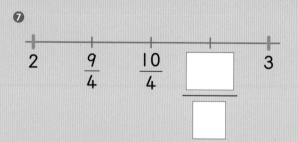

❽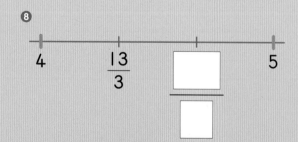

❾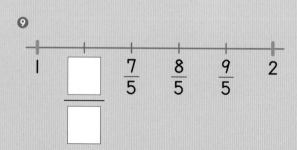

⊕ 수직선의 빈칸에 알맞은 분수를 써넣으시오.

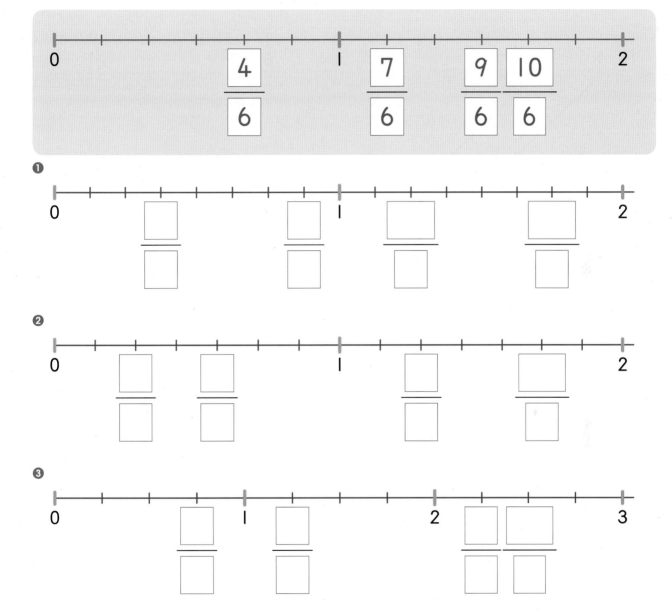

수직선 선잇기

● 관계있는 것끼리 선으로 이으시오.

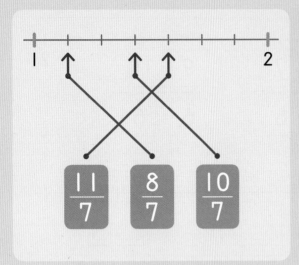

❶

❷
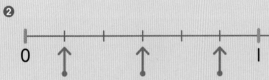

❸

❹
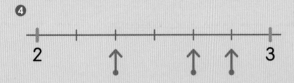

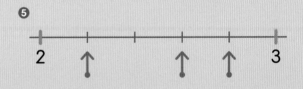

❺
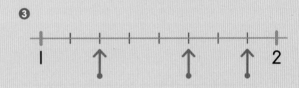

● 분수를 수직선에 ↓로 나타내시오.

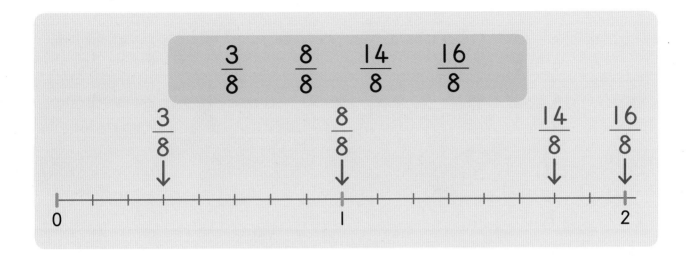

❶

$$\dfrac{4}{6} \qquad \dfrac{1}{6} \qquad \dfrac{7}{6} \qquad \dfrac{10}{6}$$

❷

$$\dfrac{15}{10} \qquad \dfrac{5}{10} \qquad \dfrac{19}{10} \qquad \dfrac{10}{10}$$

619 크기가 같은 두 분수

● ↓와 ↑가 나타내는 분수를 쓰시오.

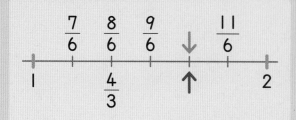

$$(↓)\frac{10}{6}=\frac{5}{3}(↑)$$

①

$$(↓)\frac{\boxed{}}{\boxed{}}=\frac{\boxed{}}{\boxed{}}(↑)$$

②

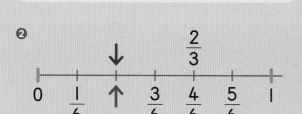

$$(↓)\frac{\boxed{}}{\boxed{}}=\frac{\boxed{}}{\boxed{}}(↑)$$

③

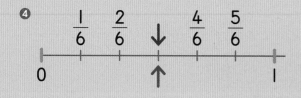

$$(↓)\frac{\boxed{}}{\boxed{}}=\frac{\boxed{}}{\boxed{}}(↑)$$

④

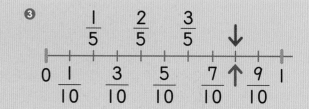

$$(↓)\frac{\boxed{}}{\boxed{}}=\frac{\boxed{}}{\boxed{}}(↑)$$

⑤

$$(↓)\frac{\boxed{}}{\boxed{}}=\frac{\boxed{}}{\boxed{}}(↑)$$

● 분수를 수직선에 ↓ 또는 ↑로 나타내고, 크기가 같은 분수를 쓰시오.

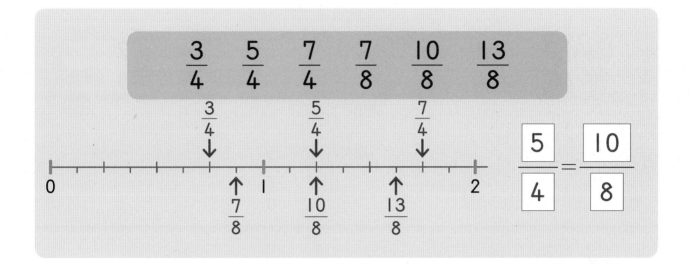

$$\dfrac{5}{4} = \dfrac{10}{8}$$

❶

$$\dfrac{}{} = \dfrac{}{}$$

❷

$$\dfrac{}{} = \dfrac{}{}$$

620 분수를 수직선에 나타내기

● 분수를 수직선에 ↓로 나타내시오.

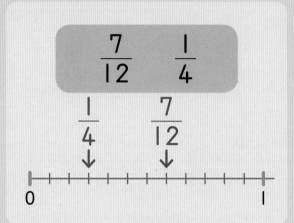

❶

❷

❸

❹

❺
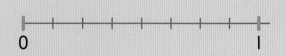

34

✚ 분수를 수직선에 ↓로 나타내시오.

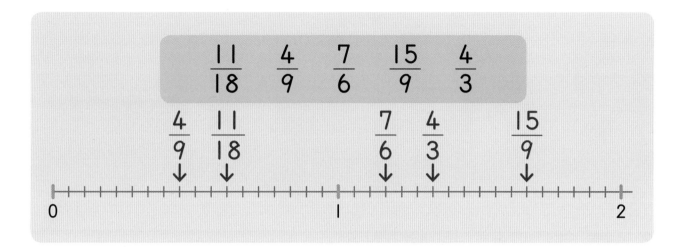

❶

$$\dfrac{7}{12} \quad \dfrac{5}{4} \quad \dfrac{5}{6} \quad \dfrac{2}{3} \quad \dfrac{11}{6}$$

❷

$$\dfrac{5}{8} \quad \dfrac{3}{4} \quad \dfrac{15}{8} \quad \dfrac{3}{2} \quad \dfrac{7}{4}$$

잘 공부했는지 알아봅시다

1 수직선에 ↓로 나타난 분수만큼 색칠한 것에 ○표 하시오.

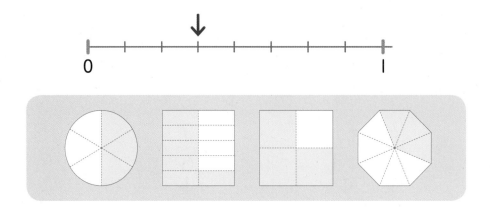

2 분수를 수직선에 ↓로 나타내어 보시오.

$$\frac{2}{7} \quad \frac{7}{7} \quad \frac{13}{7}$$

3 분수를 수직선에 ↓ 또는 ↑로 나타내고, 크기가 같은 두 분수에 ○표 하시오.

$$\frac{3}{8} \quad \frac{5}{8} \quad \frac{6}{8} \quad \frac{1}{4} \quad \frac{2}{4} \quad \frac{3}{4}$$

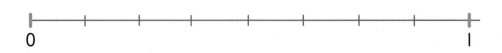

4

분수의 종류

여러 가지 분수

● 관계있는 것끼리 선으로 이으시오.

➕ 맞지 않는 것에 ✕표 하시오.

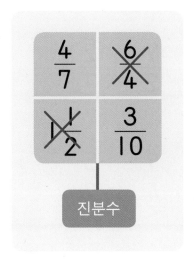

$\frac{4}{7}$ ✕ $\frac{6}{4}$ ✕ $\frac{1}{2}$ $\frac{3}{10}$

진분수

①

$\frac{3}{2}$ $\frac{2}{3}$ $\frac{7}{7}$ $1\frac{1}{3}$

가분수

②

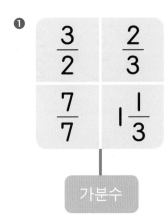

$\frac{7}{3}$ $1\frac{6}{7}$ $\frac{4}{9}$ $2\frac{4}{5}$

대분수

③

$\frac{11}{10}$ $\frac{11}{8}$ $\frac{8}{11}$ $1\frac{1}{8}$

가분수

④

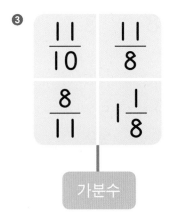

$\frac{5}{6}$ $\frac{4}{6}$ $1\frac{1}{6}$ $\frac{6}{6}$

진분수

⑤

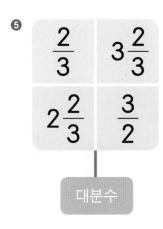

$\frac{2}{3}$ $3\frac{2}{3}$ $2\frac{2}{3}$ $\frac{3}{2}$

대분수

⑥

$\frac{5}{5}$ $\frac{11}{5}$ $\frac{5}{11}$ $1\frac{1}{5}$

가분수

⑦

$\frac{3}{7}$ $3\frac{1}{7}$ $3\frac{2}{7}$ $\frac{7}{3}$

대분수

⑧

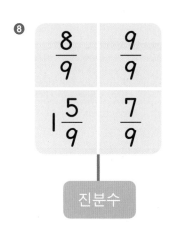

$\frac{8}{9}$ $\frac{9}{9}$ $1\frac{5}{9}$ $\frac{7}{9}$

진분수

분수 만들기

● 숫자 카드 중 두 장을 사용하여 만들 수 있는 진분수를 모두 찾아 ◯표 하시오.

2 3 7	$\left(\dfrac{3}{7}\right)$ $\dfrac{3}{2}$ $\left(\dfrac{2}{3}\right)$ $\dfrac{7}{2}$ $\left(\dfrac{2}{7}\right)$

❶ 4 9 5 $\qquad$ $\dfrac{9}{5}$ $\quad$ $\dfrac{4}{9}$ $\quad$ $\dfrac{4}{5}$ $\quad$ $\dfrac{9}{4}$ $\quad$ $\dfrac{5}{9}$

❷ 8 3 6 $\qquad$ $\dfrac{3}{8}$ $\quad$ $\dfrac{8}{6}$ $\quad$ $\dfrac{3}{6}$ $\quad$ $\dfrac{6}{8}$ $\quad$ $\dfrac{8}{3}$

● 숫자 카드 중 두 장을 사용하여 만들 수 있는 가분수를 모두 찾아 ◯표 하시오.

4 3 7	$\left(\dfrac{4}{3}\right)$ $\dfrac{3}{7}$ $\left(\dfrac{7}{4}\right)$ $\dfrac{4}{7}$ $\left(\dfrac{7}{3}\right)$

❸ 6 2 3 $\qquad$ $\dfrac{3}{2}$ $\quad$ $\dfrac{6}{2}$ $\quad$ $\dfrac{2}{3}$ $\quad$ $\dfrac{3}{6}$ $\quad$ $\dfrac{6}{3}$

❹ 7 5 8 $\qquad$ $\dfrac{5}{7}$ $\quad$ $\dfrac{8}{7}$ $\quad$ $\dfrac{7}{5}$ $\quad$ $\dfrac{8}{5}$ $\quad$ $\dfrac{7}{8}$

➕ 숫자 카드 중 두 장을 사용하여 만들 수 있는 진분수와 가분수를 모두 쓰시오.

  4 6 7

진분수 : $\dfrac{4}{6}$ $\dfrac{4}{7}$ $\dfrac{6}{7}$ 가분수 : $\dfrac{6}{4}$ $\dfrac{7}{4}$ $\dfrac{7}{6}$

❶ 3 5 4

진분수 : _____   가분수 : _____

❷ 9 2 7

진분수 : _____   가분수 : _____

❸ 8 3 5

진분수 : _____   가분수 : _____

❹ 2 3 9

진분수 : _____   가분수 : _____

❺ 4 6 2

진분수 : _____   가분수 : _____

❻ 8 4 7

진분수 : _____   가분수 : _____

● 분수를 보고 맞으면 ○표, 틀리면 ×표 하시오.

$\dfrac{4}{7}$

분자가 분모보다 작습니다. (○)
분모는 **4**입니다. (×)
대분수입니다. (×)

❶ $\dfrac{9}{7}$

분자와 분모의 차가 **3**입니다. ( )
1보다 큽니다. ( )
진분수입니다. ( )

❷ $\dfrac{9}{9}$

분자와 분모의 합이 **16**입니다. ( )
1과 크기가 같습니다. ( )
분자가 분모와 같거나 큽니다. ( )

❸ $\dfrac{4}{8}$

분모가 분자의 **2**배입니다. ( )
$\dfrac{1}{2}$과 크기가 같습니다. ( )
가분수입니다. ( )

❹ $\dfrac{7}{6}$

분자와 분모의 차가 **1**입니다. ( )
1보다 작습니다. ( )
분자와 분모의 합이 **13**입니다. ( )

월 일

➕ 나는 얼마입니까?

$$\frac{5}{5}$$

- 분자와 분모의 합이 10입니다.
- 분자와 분모가 같습니다.

❶

- 분자와 분모의 차가 5입니다.
- $\dfrac{1}{2}$과 크기가 같습니다.

❷

- 분모가 7인 가분수입니다.
- 분자와 분모의 차가 2입니다.

❸

- 분자가 3인 진분수입니다.
- 분자와 분모의 차가 6입니다.

❹

- 분자와 분모의 차가 1입니다.
- 분자와 분모의 합이 11인 가분수입니다.

❺

- 분자와 분모의 합이 18입니다.
- 1과 크기가 같습니다.

조건과 분수

● 조건에 맞는 분수에 모두 ○표 하시오.

조건

분모가 7인 진분수

$\frac{5}{7}$ $\frac{6}{8}$ $\frac{9}{7}$ $\frac{7}{7}$ $\frac{6}{7}$

(5/7 and 6/7 circled)

❶ 조건

분자가 6인 가분수

$\frac{6}{8}$ $\frac{6}{6}$ $\frac{6}{7}$ $\frac{6}{5}$ $\frac{7}{6}$

❷ 조건

1과 크기가 같은 가분수

$\frac{3}{3}$ $\frac{4}{3}$ $\frac{4}{4}$ $\frac{4}{5}$ $\frac{5}{4}$

❸ 조건

분자와 분모의 합이 10인 진분수

$\frac{3}{7}$ $\frac{8}{2}$ $\frac{1}{9}$ $\frac{1}{10}$ $\frac{5}{5}$

❹ 조건

분자와 분모의 차가 1인 가분수

$\frac{5}{6}$ $\frac{7}{6}$ $\frac{6}{7}$ $\frac{7}{7}$ $\frac{8}{7}$

❺ 조건

분모가 4인 진분수

$\frac{7}{4}$ $\frac{3}{4}$ $\frac{5}{4}$ $\frac{6}{4}$ $\frac{2}{4}$

❖ 조건에 맞는 분수를 모두 쓰시오.

분모가 **5**인 진분수

$$\frac{1}{5} \quad \frac{2}{5} \quad \frac{3}{5} \quad \frac{4}{5}$$

❶ 분자가 **4**인 가분수

_____

❷ 분자와 분모의 합이 **9**인 진분수

_____

❸ 분자와 분모의 합이 **8**인 가분수

_____

❹ 분자와 분모의 차가 **1**이고 분모와 분자의 합이 **10**보다 작은 진분수

_____

❺ 분자와 분모의 합이 **5**보다 작은 진분수

_____

❻ 분모와 분자의 합이 **6**인 진분수

_____

❼ 분모는 **6**보다 작고 분자는 **2**보다 큰 진분수

_____

❽ 분모는 **4**보다 크고 분자는 **7**보다 작은 가분수

_____

❾ 분모와 분자의 합이 **10**, 차가 **2**인 분수

_____

1 진분수는 ◯표, 가분수는 △표 하시오.

$$2\frac{1}{3} \qquad \frac{8}{3} \qquad \frac{4}{7} \qquad 1\frac{1}{2}$$

$$\frac{10}{7} \qquad \frac{3}{4} \qquad \frac{7}{10} \qquad \frac{5}{5}$$

2 자연수와 진분수로 이루어진 분수를 대분수라 합니다. 오른쪽 분수가 대분수가 아닌 이유를 쓰시오.

$$9\frac{6}{5}$$

3 숫자 카드 중에서 두 장을 사용하여 만들 수 있는 진분수를 세 개 쓰시오.

4 나는 얼마입니까?

• 나는 분자가 **7**인 가분수입니다.
• 나는 분자와 분모의 합이 **12**입니다.

5 분수 덧셈

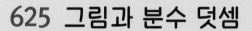

그림과 분수 덧셈

● 더하는 분수만큼 색칠하고, □ 안에 알맞은 수를 써넣으시오.

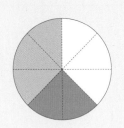

$$\frac{3}{8} + \frac{2}{8} = \frac{\boxed{5}}{8}$$

①

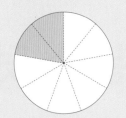

$$\frac{2}{9} + \frac{5}{9} = \frac{\square}{9}$$

②

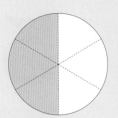

$$\frac{3}{6} + \frac{1}{6} = \frac{\square}{6}$$

③

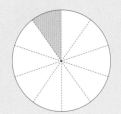

$$\frac{1}{10} + \frac{3}{10} = \frac{\square}{10}$$

④

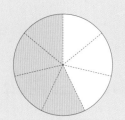

$$\frac{4}{7} + \frac{2}{7} = \frac{\square}{7}$$

⑤

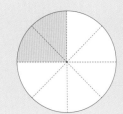

$$\frac{2}{8} + \frac{5}{8} = \frac{\square}{8}$$

⑥

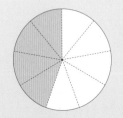

$$\frac{4}{9} + \frac{2}{9} = \frac{\square}{9}$$

⑦

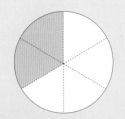

$$\frac{2}{6} + \frac{3}{6} = \frac{\square}{6}$$

⑧

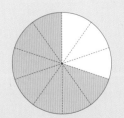

$$\frac{7}{10} + \frac{1}{10} = \frac{\square}{10}$$

➕ 더하는 분수만큼 색칠하고, □ 안에 알맞은 수를 써넣으시오.

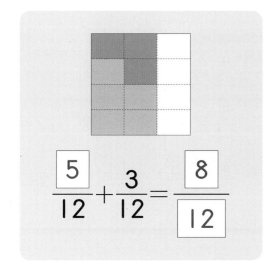

$$\frac{5}{12} + \frac{3}{12} = \frac{8}{\boxed{12}}$$

❶

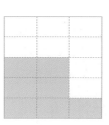

$$\frac{\boxed{}}{15} + \frac{4}{15} = \frac{\boxed{}}{\boxed{}}$$

❷

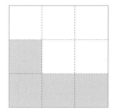

$$\frac{\boxed{}}{9} + \frac{3}{9} = \frac{\boxed{}}{\boxed{}}$$

❸

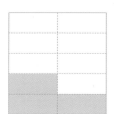

$$\frac{\boxed{}}{10} + \frac{5}{10} = \frac{\boxed{}}{\boxed{}}$$

❹

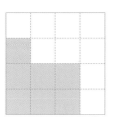

$$\frac{\boxed{}}{16} + \frac{5}{16} = \frac{\boxed{}}{\boxed{}}$$

❺

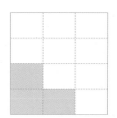

$$\frac{\boxed{}}{12} + \frac{4}{12} = \frac{\boxed{}}{\boxed{}}$$

단위분수와 분수 덧셈

● □ 안에 알맞은 수를 써넣으시오.

$\dfrac{3}{5}$은 $\dfrac{1}{5}$이 $\boxed{3}$ 개

$\dfrac{4}{5}$는 $\dfrac{1}{5}$이 $\boxed{4}$ 개

$\dfrac{3}{5}+\dfrac{4}{5}$는 $\dfrac{1}{5}$이 $\boxed{7}$ 개

$$\dfrac{3}{5}+\dfrac{4}{5}=\dfrac{\boxed{7}}{\boxed{5}}$$

❶

$\dfrac{4}{11}$는 $\dfrac{1}{11}$이 $\boxed{}$ 개

$\dfrac{5}{11}$는 $\dfrac{1}{11}$이 $\boxed{}$ 개

$\dfrac{4}{11}+\dfrac{5}{11}$는 $\dfrac{1}{11}$이 $\boxed{}$ 개

$$\dfrac{4}{11}+\dfrac{5}{11}=\dfrac{\boxed{}}{\boxed{}}$$

❷

$\dfrac{3}{8}$은 $\dfrac{1}{8}$이 $\boxed{}$ 개

$\dfrac{6}{8}$은 $\dfrac{1}{8}$이 $\boxed{}$ 개

$\dfrac{3}{8}+\dfrac{6}{8}$은 $\dfrac{1}{8}$이 $\boxed{}$ 개

$$\dfrac{3}{8}+\dfrac{6}{8}=\dfrac{\boxed{}}{\boxed{}}$$

❸

$\dfrac{5}{9}$는 $\dfrac{1}{9}$이 $\boxed{}$ 개

$\dfrac{7}{9}$은 $\dfrac{1}{9}$이 $\boxed{}$ 개

$\dfrac{5}{9}+\dfrac{7}{9}$은 $\dfrac{1}{9}$이 $\boxed{}$ 개

$$\dfrac{5}{9}+\dfrac{7}{9}=\dfrac{\boxed{}}{\boxed{}}$$

● ☐ 안에 알맞은 수를 써넣으시오.

$\dfrac{3}{6}+\dfrac{5}{6}=\dfrac{\boxed{3}+\boxed{5}}{6}=\dfrac{8}{\boxed{6}}$

❶ $\dfrac{2}{9}+\dfrac{8}{9}=\dfrac{\boxed{}+\boxed{}}{9}=\dfrac{\boxed{}}{\boxed{}}$

❷ $\dfrac{2}{5}+\dfrac{4}{5}=\dfrac{\boxed{}+\boxed{}}{5}=\dfrac{\boxed{}}{\boxed{}}$

❸ $\dfrac{7}{6}+\dfrac{8}{6}=\dfrac{\boxed{}+\boxed{}}{6}=\dfrac{\boxed{}}{\boxed{}}$

❹ $\dfrac{4}{9}+\dfrac{7}{9}=\dfrac{\boxed{}+\boxed{}}{9}=\dfrac{\boxed{}}{\boxed{}}$

❺ $\dfrac{1}{7}+\dfrac{6}{7}=\dfrac{\boxed{}+\boxed{}}{7}=\dfrac{\boxed{}}{\boxed{}}$

❻ $\dfrac{9}{11}+\dfrac{8}{11}=\dfrac{\boxed{}+\boxed{}}{11}=\dfrac{\boxed{}}{\boxed{}}$

❼ $\dfrac{6}{8}+\dfrac{5}{8}=\dfrac{\boxed{}+\boxed{}}{8}=\dfrac{\boxed{}}{\boxed{}}$

❽ $\dfrac{10}{9}+\dfrac{10}{9}=\dfrac{\boxed{}+\boxed{}}{9}=\dfrac{\boxed{}}{\boxed{}}$

❾ $\dfrac{5}{12}+\dfrac{11}{12}=\dfrac{\boxed{}+\boxed{}}{12}=\dfrac{\boxed{}}{\boxed{}}$

627 수직선과 분수 덧셈

● 수직선의 빈칸에 알맞은 수를 쓰고 덧셈식을 완성하시오.

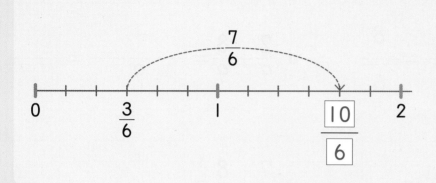

$$\frac{3}{6}+\frac{7}{6}=\frac{10}{6}$$

❶

$$\frac{4}{5}+\frac{3}{5}=\frac{\boxed{}}{\boxed{}}$$

❷

$$\frac{1}{8}+\frac{10}{8}=\frac{\boxed{}}{\boxed{}}$$

❸

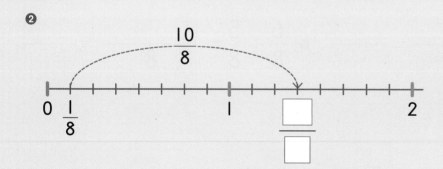

$$\frac{12}{7}+\frac{6}{7}=\frac{\boxed{}}{\boxed{}}$$

➕ 수직선의 빈칸에 알맞은 수를 쓰고 덧셈식을 완성하시오.

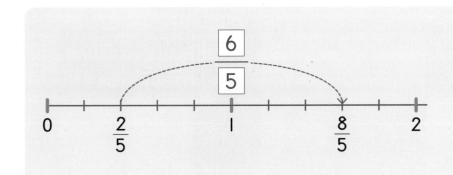

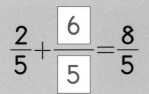

$$\frac{2}{5} + \frac{\boxed{6}}{\boxed{5}} = \frac{8}{5}$$

❶

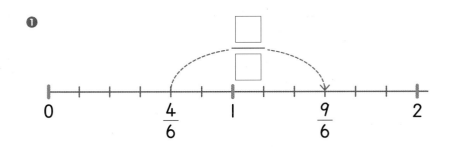

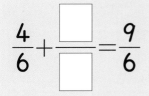

$$\frac{4}{6} + \frac{\boxed{}}{\boxed{}} = \frac{9}{6}$$

❷

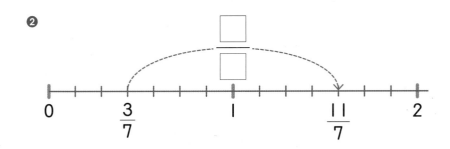

$$\frac{3}{7} + \frac{\boxed{}}{\boxed{}} = \frac{11}{7}$$

❸

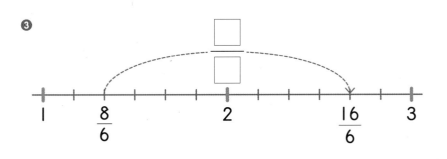

$$\frac{8}{6} + \frac{\boxed{}}{\boxed{}} = \frac{16}{6}$$

분수 덧셈표

● 빈칸에 알맞은 분수를 써넣으시오.

+	$\dfrac{1}{7}$	$\dfrac{5}{7}$
$\dfrac{4}{7}$	$\dfrac{5}{7}$	$\dfrac{9}{7}$
$\dfrac{3}{7}$	$\dfrac{4}{7}$	$\dfrac{8}{7}$

❶

+	$\dfrac{7}{11}$	$\dfrac{4}{11}$
$\dfrac{1}{11}$		
$\dfrac{5}{11}$		

❷

+	$\dfrac{3}{8}$	$\dfrac{6}{8}$
$\dfrac{2}{8}$		
$\dfrac{5}{8}$		

❸

+	$\dfrac{4}{6}$	$\dfrac{1}{6}$
$\dfrac{3}{6}$		
$\dfrac{2}{6}$		

❹

+	$\dfrac{4}{9}$	$\dfrac{6}{9}$
$\dfrac{1}{9}$		
$\dfrac{8}{9}$		

❺

+	$\dfrac{2}{10}$	$\dfrac{3}{10}$
$\dfrac{7}{10}$		
$\dfrac{5}{10}$		

◈ 빈칸에 알맞은 분수를 써넣으시오.

+	$\frac{6}{8}$	$\frac{4}{8}$
$\frac{3}{8}$	$\frac{9}{8}$	$\frac{7}{8}$
$\frac{1}{8}$	$\frac{7}{8}$	$\frac{5}{8}$

❶

+	$\frac{7}{12}$	
	$\frac{13}{12}$	
$\frac{4}{12}$		$\frac{9}{12}$

❷

+	$\frac{3}{5}$	
	$\frac{4}{5}$	
$\frac{2}{5}$		$\frac{8}{5}$

❸

+		$\frac{5}{9}$
$\frac{4}{9}$	$\frac{10}{9}$	
		$\frac{13}{9}$

❹

+		$\frac{1}{11}$
		$\frac{10}{11}$
$\frac{7}{11}$	$\frac{13}{11}$	

❺

+	$\frac{3}{8}$	
$\frac{6}{8}$		$\frac{13}{8}$
	$\frac{7}{8}$	

1 □ 안에 알맞은 수를 써넣으시오.

$\dfrac{3}{9}+\dfrac{7}{9}$은 $\dfrac{1}{9}$이 □ 개이므로 $\dfrac{3}{9}+\dfrac{7}{9}=\dfrac{\boxed{}}{9}$

2 수직선에 ↓가 나타내는 분수를 쓰고, 두 수의 합을 대분수로 나타내시오.

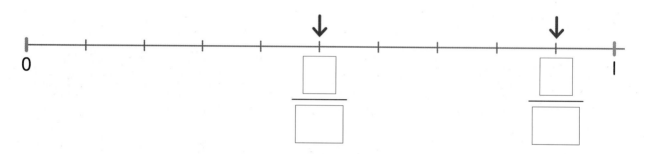

3 빈칸에 알맞은 분수를 써넣으시오.

4 분모가 **3**인 두 진분수의 합을 자연수로 나타내시오.

6 분수 뺄셈

그림과 분수 뺄셈

● 빼는 분수만큼 ×표 하고, ☐ 안에 알맞은 수를 써넣으시오.

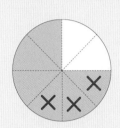

$$\frac{6}{8} - \frac{3}{8} = \frac{3}{8}$$

①

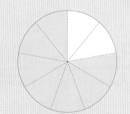

$$\frac{7}{9} - \frac{5}{9} = \frac{\boxed{}}{9}$$

②

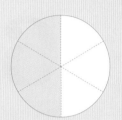

$$\frac{3}{6} - \frac{1}{6} = \frac{\boxed{}}{6}$$

③

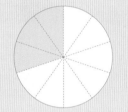

$$\frac{3}{10} - \frac{2}{10} = \frac{\boxed{}}{10}$$

④

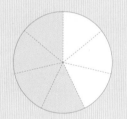

$$\frac{4}{7} - \frac{2}{7} = \frac{\boxed{}}{7}$$

⑤

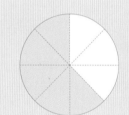

$$\frac{5}{8} - \frac{4}{8} = \frac{\boxed{}}{8}$$

⑥

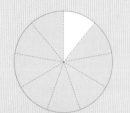

$$\frac{8}{9} - \frac{3}{9} = \frac{\boxed{}}{9}$$

⑦

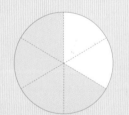

$$\frac{4}{6} - \frac{1}{6} = \frac{\boxed{}}{6}$$

⑧

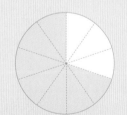

$$\frac{7}{10} - \frac{5}{10} = \frac{\boxed{}}{10}$$

➕ 빼는 분수만큼 ✕표 하고, □ 안에 알맞은 수를 써넣으시오.

$$\frac{\boxed{8}}{14} - \frac{5}{14} = \frac{\boxed{3}}{\boxed{14}}$$

❶

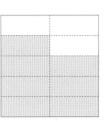

$$\frac{\boxed{}}{10} - \frac{6}{10} = \frac{\boxed{}}{\boxed{}}$$

❷

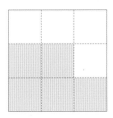

$$\frac{\boxed{}}{9} - \frac{3}{9} = \frac{\boxed{}}{\boxed{}}$$

❸

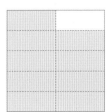

$$\frac{\boxed{}}{10} - \frac{6}{10} = \frac{\boxed{}}{\boxed{}}$$

❹

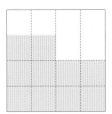

$$\frac{\boxed{}}{16} - \frac{4}{16} = \frac{\boxed{}}{\boxed{}}$$

❺

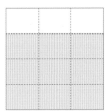

$$\frac{\boxed{}}{12} - \frac{8}{12} = \frac{\boxed{}}{\boxed{}}$$

630 단위분수와 분수 뺄셈

● □ 안에 알맞은 수를 써넣으시오.

$\dfrac{9}{8}$는 $\dfrac{1}{8}$이 $\boxed{9}$ 개

$\dfrac{4}{8}$는 $\dfrac{1}{8}$이 $\boxed{4}$ 개

$\dfrac{9}{8} - \dfrac{4}{8}$는 $\dfrac{1}{8}$이 $\boxed{5}$ 개

$$\dfrac{9}{8} - \dfrac{4}{8} = \dfrac{\boxed{5}}{\boxed{8}}$$

❶

$\dfrac{7}{4}$은 $\dfrac{1}{4}$이 $\boxed{}$ 개

$\dfrac{2}{4}$는 $\dfrac{1}{4}$이 $\boxed{}$ 개

$\dfrac{7}{4} - \dfrac{2}{4}$는 $\dfrac{1}{4}$이 $\boxed{}$ 개

$$\dfrac{7}{4} - \dfrac{2}{4} = \dfrac{\boxed{}}{\boxed{}}$$

❷

$\dfrac{8}{11}$은 $\dfrac{1}{11}$이 $\boxed{}$ 개

$\dfrac{6}{11}$은 $\dfrac{1}{11}$이 $\boxed{}$ 개

$\dfrac{8}{11} - \dfrac{6}{11}$은 $\dfrac{1}{11}$이 $\boxed{}$ 개

$$\dfrac{8}{11} - \dfrac{6}{11} = \dfrac{\boxed{}}{\boxed{}}$$

❸

$\dfrac{7}{9}$은 $\dfrac{1}{9}$이 $\boxed{}$ 개

$\dfrac{3}{9}$은 $\dfrac{1}{9}$이 $\boxed{}$ 개

$\dfrac{7}{9} - \dfrac{3}{9}$은 $\dfrac{1}{9}$이 $\boxed{}$ 개

$$\dfrac{7}{9} - \dfrac{3}{9} = \dfrac{\boxed{}}{\boxed{}}$$

◆ □ 안에 알맞은 수를 써넣으시오.

$$\frac{4}{5} - \frac{2}{5} = \frac{\boxed{4} - \boxed{2}}{5} = \frac{\boxed{2}}{\boxed{5}}$$

❶ $\dfrac{6}{7} - \dfrac{1}{7} = \dfrac{\boxed{} - \boxed{}}{7} = \dfrac{\boxed{}}{\boxed{}}$

❷ $\dfrac{9}{8} - \dfrac{4}{8} = \dfrac{\boxed{} - \boxed{}}{8} = \dfrac{\boxed{}}{\boxed{}}$

❸ $\dfrac{8}{6} - \dfrac{5}{6} = \dfrac{\boxed{} - \boxed{}}{6} = \dfrac{\boxed{}}{\boxed{}}$

❹ $\dfrac{7}{7} - \dfrac{3}{7} = \dfrac{\boxed{} - \boxed{}}{7} = \dfrac{\boxed{}}{\boxed{}}$

❺ $\dfrac{5}{9} - \dfrac{2}{9} = \dfrac{\boxed{} - \boxed{}}{9} = \dfrac{\boxed{}}{\boxed{}}$

❻ $\dfrac{12}{13} - \dfrac{8}{13} = \dfrac{\boxed{} - \boxed{}}{13} = \dfrac{\boxed{}}{\boxed{}}$

❼ $\dfrac{8}{8} - \dfrac{6}{8} = \dfrac{\boxed{} - \boxed{}}{8} = \dfrac{\boxed{}}{\boxed{}}$

❽ $\dfrac{11}{10} - \dfrac{6}{10} = \dfrac{\boxed{} - \boxed{}}{10} = \dfrac{\boxed{}}{\boxed{}}$

❾ $\dfrac{7}{6} - \dfrac{4}{6} = \dfrac{\boxed{} - \boxed{}}{6} = \dfrac{\boxed{}}{\boxed{}}$

❿ $\dfrac{9}{12} - \dfrac{1}{12} = \dfrac{\boxed{} - \boxed{}}{12} = \dfrac{\boxed{}}{\boxed{}}$

⓫ $\dfrac{6}{7} - \dfrac{1}{7} = \dfrac{\boxed{} - \boxed{}}{7} = \dfrac{\boxed{}}{\boxed{}}$

수직선과 분수 뺄셈

● 수직선의 빈칸에 알맞은 수를 쓰고 뺄셈식을 완성하시오.

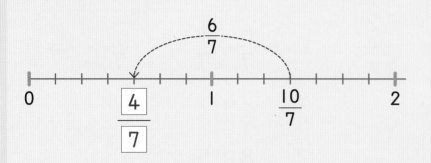

$$\frac{10}{7} - \frac{6}{7} = \frac{4}{7}$$

❶

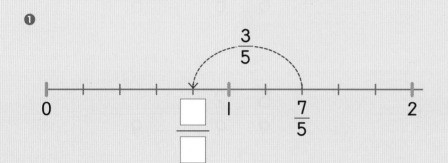

$$\frac{7}{5} - \frac{3}{5} = \frac{\boxed{}}{\boxed{}}$$

❷

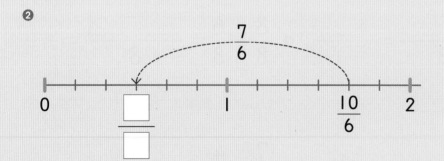

$$\frac{10}{6} - \frac{7}{6} = \frac{\boxed{}}{\boxed{}}$$

❸

$$\frac{9}{8} - \frac{5}{8} = \frac{\boxed{}}{\boxed{}}$$

➕ 수직선의 빈칸에 알맞은 수를 쓰고 뺄셈식을 완성하시오.

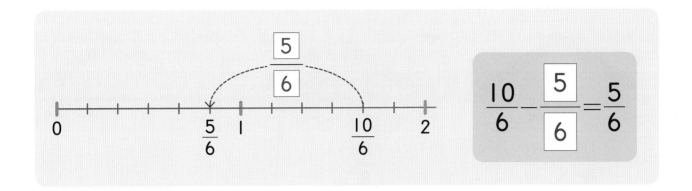

❶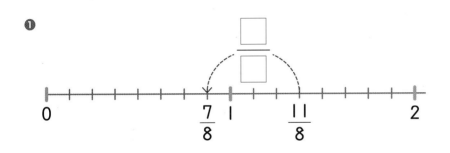

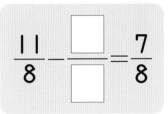

❷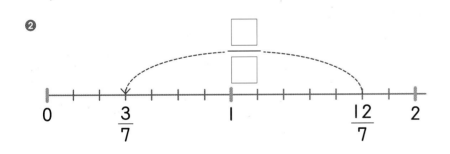

❸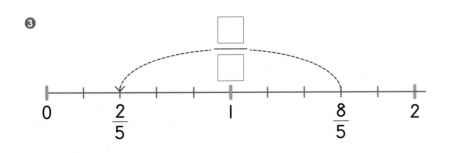

분수 하우스

● 뺄셈을 하여 빈칸에 알맞은 수를 써넣으시오.

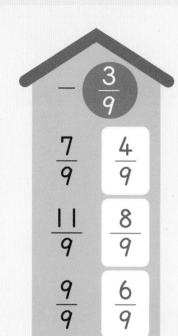

보기: $-\dfrac{3}{9}$

$\dfrac{7}{9} \quad \dfrac{4}{9}$

$\dfrac{11}{9} \quad \dfrac{8}{9}$

$\dfrac{9}{9} \quad \dfrac{6}{9}$

① $-\dfrac{1}{8}$

$\dfrac{4}{8} \quad \square$

$\dfrac{14}{8} \quad \square$

$\dfrac{6}{8} \quad \square$

② $-\dfrac{6}{7}$

$\dfrac{10}{7} \quad \square$

$\dfrac{8}{7} \quad \square$

$\dfrac{12}{7} \quad \square$

③ $-\dfrac{1}{5}$

$\dfrac{6}{5} \quad \square$

$\dfrac{4}{5} \quad \square$

$\dfrac{3}{5} \quad \square$

④ $-\dfrac{4}{11}$

$\dfrac{10}{11} \quad \square$

$\dfrac{9}{11} \quad \square$

$\dfrac{16}{11} \quad \square$

⑤ $-\dfrac{2}{12}$

$\dfrac{7}{12} \quad \square$

$\dfrac{15}{12} \quad \square$

$\dfrac{6}{12} \quad \square$

빈칸에 알맞은 수를 써넣으시오.

보기

$-\dfrac{4}{10}$

$\dfrac{7}{10}$ $\dfrac{3}{10}$

$\dfrac{20}{10}$ $\boxed{\dfrac{16}{10}}$

$\boxed{\dfrac{11}{10}}$ $\dfrac{7}{10}$

❶

$-\;\square$

$\square$ $\dfrac{11}{13}$

$\dfrac{11}{13}$ $\dfrac{5}{13}$

$\dfrac{9}{13}$ $\square$

❷

$-\;\square$

$\dfrac{15}{9}$ $\square$

$\square$ $\dfrac{7}{9}$

$\dfrac{8}{9}$ $\dfrac{3}{9}$

❸

$-\;\square$

$\square$ $\dfrac{7}{8}$

$\dfrac{14}{8}$ $\dfrac{11}{8}$

$\dfrac{6}{8}$ $\square$

❹

$-\;\square$

$\dfrac{9}{7}$ $\square$

$\square$ $\dfrac{13}{7}$

$\dfrac{6}{7}$ $\dfrac{5}{7}$

❺

$-\;\square$

$\dfrac{19}{11}$ $\dfrac{12}{11}$

$\dfrac{10}{11}$ $\square$

$\square$ $\dfrac{1}{11}$

잘 공부했는지 알아봅시다

1 □ 안에 알맞은 수를 써넣으시오.

$$\frac{7}{8} - \frac{3}{8} 은 \frac{1}{8} 이 \boxed{} 개이므로 \frac{7}{8} - \frac{3}{8} = \frac{\boxed{}}{8}$$

2 계산이 바르게 된 것에 ○표 하시오.

$$\frac{4}{7} - \frac{1}{7} = \frac{2}{7} \qquad \frac{5}{6} - \frac{4}{6} = \frac{1}{6} \qquad \frac{6}{9} - \frac{3}{9} = \frac{3}{8} \qquad \frac{4}{5} - \frac{3}{5} = \frac{7}{5}$$

3 빈칸에 알맞은 분수를 써넣으시오.

❶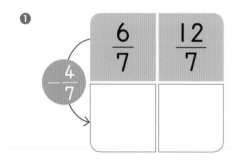

❷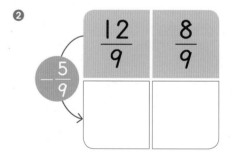

4 □ 안에 알맞은 수를 써넣으시오.

❶ $\dfrac{8}{7} - \dfrac{\boxed{}}{\boxed{}} = \dfrac{4}{7}$

❷ 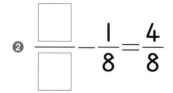 $\dfrac{\boxed{}}{\boxed{}} - \dfrac{1}{8} = \dfrac{4}{8}$

7 가분수 대분수

가분수로 나타내기

● 대분수와 가분수로 나타내려고 합니다. □ 안에 알맞은 수를 써넣으시오.

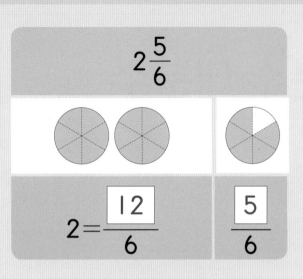

$2\dfrac{5}{6}$

$2=\dfrac{\boxed{12}}{6}$ $\dfrac{\boxed{5}}{6}$

$2\dfrac{5}{6}=\boxed{2}+\dfrac{5}{6}$

$=\dfrac{\boxed{12}}{6}+\dfrac{\boxed{5}}{6}=\dfrac{\boxed{17}}{6}$

❶

$3\dfrac{3}{4}$

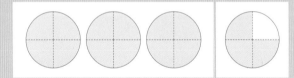

$3=\dfrac{\boxed{}}{4}$ $\dfrac{\boxed{}}{4}$

$3\dfrac{3}{4}=\boxed{}+\dfrac{3}{4}$

$=\dfrac{\boxed{}}{4}+\dfrac{\boxed{}}{4}=\dfrac{\boxed{}}{4}$

❷

$3\dfrac{2}{3}$

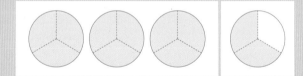

$3=\dfrac{\boxed{}}{3}$ $\dfrac{\boxed{}}{3}$

$3\dfrac{2}{3}=\boxed{}+\dfrac{2}{3}$

$=\dfrac{\boxed{}}{3}+\dfrac{\boxed{}}{3}=\dfrac{\boxed{}}{3}$

● 보기와 같이 ▨ 안의 대분수를 가분수로 나타내시오.

$$5\frac{3}{7} = 5 + \frac{3}{7}$$
$$= \frac{35}{7} + \frac{3}{7}$$
$$= \frac{38}{7}$$

$5\frac{3}{7}$

❶ $2\frac{1}{5}$

❷ $3\frac{3}{8}$

❸ $4\frac{1}{3}$

❹ $2\frac{3}{4}$

❺ $5\frac{5}{8}$

대분수로 나타내기

● 가분수만큼 색칠하고, 대분수로 나타내시오.

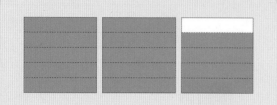

$$\frac{14}{5} = 2\frac{4}{5}$$

❶

$$\frac{9}{4} = \boxed{}\frac{\boxed{}}{\boxed{}}$$

❷

$$\frac{11}{6} = \boxed{}\frac{\boxed{}}{\boxed{}}$$

❸

$$\frac{11}{4} = \boxed{}\frac{\boxed{}}{\boxed{}}$$

❹

$$\frac{11}{3} = \boxed{}\frac{\boxed{}}{\boxed{}}$$

❺

$$\frac{16}{6} = \boxed{}\frac{\boxed{}}{\boxed{}}$$

◑ 보기와 같이 █ 안의 가분수를 대분수로 나타내시오.

$$\dfrac{15}{7} = \dfrac{14}{7} + \dfrac{1}{7}$$
$$= 2 + \dfrac{1}{7}$$
$$= 2\dfrac{1}{7}$$

$\boxed{\dfrac{15}{7}}$

❶ $\boxed{\dfrac{11}{8}}$

❷ $\boxed{\dfrac{15}{4}}$

❸ $\boxed{\dfrac{9}{2}}$

❹ $\boxed{\dfrac{10}{3}}$

❺ $\boxed{\dfrac{26}{5}}$

선잇기

● 가분수를 대분수로 나타내려고 합니다. 빈칸을 채우시오.

$$\frac{15}{4} = \frac{12}{4}+\frac{3}{4} = 3+\frac{3}{4} = 3\frac{3}{4}$$

❶ $$\frac{21}{5} = \boxed{} = 4+\frac{1}{5} = \boxed{}$$

❷ $$\frac{21}{8} = \boxed{} = 2+\frac{5}{8} = \boxed{}$$

● 대분수를 가분수로 나타내려고 합니다. 빈칸을 채우시오.

$$7\frac{2}{3} = 7+\frac{2}{3} = \frac{21}{3}+\frac{2}{3} = \frac{23}{3}$$

❸ $$5\frac{1}{6} = \boxed{} = \frac{30}{6}+\frac{1}{6} = \boxed{}$$

❹ $$2\frac{2}{11} = \boxed{} = \frac{22}{11}+\frac{2}{11} = \boxed{}$$

● 관계있는 것끼리 선으로 이으시오.

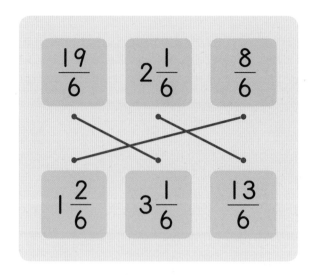

❶
$\frac{7}{5}$	$1\frac{7}{10}$	$\frac{7}{4}$

$\frac{17}{10}$	$1\frac{2}{5}$	$1\frac{3}{4}$

❷

❸
$3\frac{2}{7}$	$\frac{17}{4}$	$1\frac{5}{7}$

$\frac{12}{7}$	$\frac{23}{7}$	$4\frac{1}{4}$

❹
$3\frac{1}{4}$	$\frac{27}{8}$	$7\frac{1}{4}$

$\frac{13}{4}$	$\frac{29}{4}$	$3\frac{3}{8}$

❺
$\frac{21}{9}$	$2\frac{3}{7}$	$\frac{23}{7}$

$2\frac{3}{9}$	$\frac{17}{7}$	$3\frac{2}{7}$

덧셈과 대분수

● 계산 결과를 대분수로 나타내려고 합니다. □ 안에 알맞은 수를 써넣으시오.

$$\frac{3}{8} + \frac{7}{8} = \frac{\boxed{10}}{8} = \boxed{1}\frac{\boxed{2}}{8}$$

❶ $\dfrac{8}{3} - \dfrac{1}{3} = \dfrac{\boxed{}}{3} = \boxed{}\dfrac{\boxed{}}{3}$

❷ $\dfrac{8}{11} + \dfrac{13}{11} = \dfrac{\boxed{}}{11} = \boxed{}\dfrac{\boxed{}}{11}$

❸ $\dfrac{16}{9} - \dfrac{4}{9} = \dfrac{\boxed{}}{9} = \boxed{}\dfrac{\boxed{}}{9}$

❹ $\dfrac{5}{6} + \dfrac{4}{6} = \dfrac{\boxed{}}{6} = \boxed{}\dfrac{\boxed{}}{6}$

❺ $\dfrac{17}{7} - \dfrac{2}{7} = \dfrac{\boxed{}}{7} = \boxed{}\dfrac{\boxed{}}{7}$

❻ $\dfrac{15}{12} + \dfrac{8}{12} = \dfrac{\boxed{}}{12} = \boxed{}\dfrac{\boxed{}}{12}$

❼ $\dfrac{24}{10} - \dfrac{1}{10} = \dfrac{\boxed{}}{10} = \boxed{}\dfrac{\boxed{}}{10}$

❽ $\dfrac{11}{8} + \dfrac{14}{8} = \dfrac{\boxed{}}{8} = \boxed{}\dfrac{\boxed{}}{8}$

❾ $\dfrac{15}{4} - \dfrac{1}{4} = \dfrac{\boxed{}}{4} = \boxed{}\dfrac{\boxed{}}{4}$

❿ $\dfrac{6}{7} + \dfrac{10}{7} = \dfrac{\boxed{}}{7} = \boxed{}\dfrac{\boxed{}}{7}$

⓫ $\dfrac{28}{5} - \dfrac{4}{5} = \dfrac{\boxed{}}{5} = \boxed{}\dfrac{\boxed{}}{5}$

➕ 계산 결과를 대분수로 나타내시오,

$$\frac{11}{7}+\frac{8}{7}=\boxed{\frac{19}{7}}=\boxed{2\frac{5}{7}}$$

❶ $\dfrac{17}{8}-\dfrac{3}{8}=\boxed{}=\boxed{}$

❷ $\dfrac{4}{9}+\dfrac{6}{9}=\boxed{}=\boxed{}$

❸ $\dfrac{11}{4}-\dfrac{1}{4}=\boxed{}=\boxed{}$

❹ $\dfrac{3}{5}+\dfrac{9}{5}=\boxed{}=\boxed{}$

❺ $\dfrac{10}{3}-\dfrac{2}{3}=\boxed{}=\boxed{}$

❻ $\dfrac{7}{11}+\dfrac{16}{11}=\boxed{}=\boxed{}$

❼ $\dfrac{31}{6}-\dfrac{5}{6}=\boxed{}=\boxed{}$

❽ $\dfrac{9}{8}+\dfrac{12}{8}=\boxed{}=\boxed{}$

❾ $\dfrac{25}{9}-\dfrac{2}{9}=\boxed{}=\boxed{}$

❿ $\dfrac{5}{4}+\dfrac{8}{4}=\boxed{}=\boxed{}$

⓫ $\dfrac{30}{7}-\dfrac{4}{7}=\boxed{}=\boxed{}$

⓬ $\dfrac{13}{12}+\dfrac{16}{12}=\boxed{}=\boxed{}$

⓭ $\dfrac{21}{5}-\dfrac{3}{5}=\boxed{}=\boxed{}$

1 다음은 가분수를 대분수로 고친 것입니다. 틀린 부분을 찾아 바르게 고치시오.

$$\frac{14}{5} = \frac{5}{5} + \frac{9}{5}$$

$$= 1 + \frac{9}{5}$$

$$= 1\frac{9}{5}$$

→

2 대분수를 가분수로, 가분수를 대분수로 바르게 나타낸 것을 찾아 선으로 이으시오.

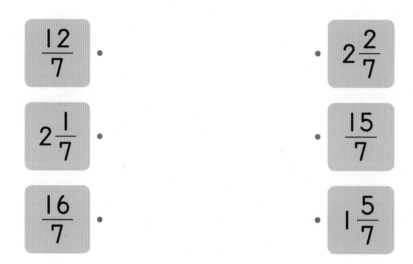

$\frac{12}{7}$ ·

$2\frac{1}{7}$ ·

$\frac{16}{7}$ ·

· $2\frac{2}{7}$

· $\frac{15}{7}$

· $1\frac{5}{7}$

3 다섯 장의 숫자 카드가 있습니다. 숫자 카드 두 장을 사용하여 분모가 5인 가장 큰 대분수를 만들고 가분수로 나타내시오.

$\boxed{1}$ $\boxed{3}$ $\boxed{4}$ $\boxed{7}$ $\boxed{8}$

$\square\dfrac{\square}{5}$ → $\dfrac{\square}{\square}$

8

분수의 크기 비교

분수의 크기 비교

● 대분수를 가분수로 고치고 분수의 크기를 비교하여 ○ 안에 $>$, $=$, $<$ 를 알맞게 써넣으시오.

$$\frac{5}{2} \;\bigcirc\!\!\!< \; 3\frac{1}{2} = \boxed{\frac{7}{2}}$$

❶ $\dfrac{9}{5} \;\bigcirc\; 1\dfrac{4}{5} = \boxed{}$

❷ $\dfrac{13}{3} \;\bigcirc\; 3\dfrac{2}{3} = \boxed{}$

❸ $\dfrac{6}{6} \;\bigcirc\; 3\dfrac{1}{6} = \boxed{}$

❹ $\dfrac{15}{4} \;\bigcirc\; 4\dfrac{3}{4} = \boxed{}$

❺ $\dfrac{11}{8} \;\bigcirc\; 1\dfrac{1}{8} = \boxed{}$

● 가분수를 대분수로 고치고 분수의 크기를 비교하여 ○ 안에 $>$, $=$, $<$ 를 알맞게 써넣으시오.

$$6\frac{2}{7} \;\bigcirc\!\!\!> \; \frac{29}{7} = \boxed{4\frac{1}{7}}$$

❻ $3\dfrac{1}{6} \;\bigcirc\; \dfrac{32}{6} = \boxed{}$

❼ $4\dfrac{1}{8} \;\bigcirc\; \dfrac{31}{8} = \boxed{}$

❽ $2\dfrac{6}{7} \;\bigcirc\; \dfrac{16}{7} = \boxed{}$

❾ $3\dfrac{2}{5} \;\bigcirc\; \dfrac{18}{5} = \boxed{}$

❿ $4\dfrac{1}{3} \;\bigcirc\; \dfrac{13}{3} = \boxed{}$

◈ 분수의 크기를 비교하여 ◯ 안에 >, =, <를 알맞게 써넣으시오.

$\dfrac{7}{4}$ < $\dfrac{9}{4}$

❶ $\dfrac{7}{11}$ ◯ $\dfrac{4}{11}$ ❷ $\dfrac{15}{8}$ ◯ $\dfrac{9}{8}$

❸ $2\dfrac{1}{3}$ ◯ $3\dfrac{1}{3}$ ❹ $6\dfrac{2}{11}$ ◯ $1\dfrac{10}{11}$ ❺ $4\dfrac{5}{12}$ ◯ $2\dfrac{3}{12}$

❻ $\dfrac{7}{3}$ ◯ $1\dfrac{2}{3}$ ❼ $1\dfrac{5}{8}$ ◯ $\dfrac{15}{8}$ ❽ $\dfrac{17}{12}$ ◯ $1\dfrac{5}{12}$

❾ $6\dfrac{2}{7}$ ◯ $\dfrac{25}{7}$ ❿ $\dfrac{16}{3}$ ◯ $4\dfrac{2}{3}$ ⓫ $1\dfrac{3}{8}$ ◯ $\dfrac{9}{8}$

⓬ $\dfrac{5}{6}$ ◯ $2\dfrac{2}{6}$ ⓭ $3\dfrac{7}{11}$ ◯ $\dfrac{38}{11}$ ⓮ $\dfrac{9}{2}$ ◯ $3\dfrac{1}{2}$

⓯ $\dfrac{6}{8}$ ◯ $\dfrac{11}{8}$ ⓰ $5\dfrac{1}{15}$ ◯ $3\dfrac{12}{15}$ ⓱ $6\dfrac{1}{6}$ ◯ $\dfrac{38}{6}$

숫자 카드 가분수

◑ 숫자 카드 중 두 장을 사용하여 가분수를 만들고, 대분수로 고치시오.

보기 카드: 3 7 8

$$\frac{7}{3} = 2\frac{1}{3}$$

$$\frac{8}{3} = 2\frac{2}{3}$$

$$\frac{8}{7} = 1\frac{1}{7}$$

❶ **카드:** 4 7 9

$$\frac{\square}{\square} = \square\frac{\square}{\square}$$

$$\frac{\square}{\square} = \square\frac{\square}{\square}$$

$$\frac{\square}{\square} = \square\frac{\square}{\square}$$

❷ **카드:** 5 7 8

$$\frac{\square}{\square} = \square\frac{\square}{\square}$$

$$\frac{\square}{\square} = \square\frac{\square}{\square}$$

$$\frac{\square}{\square} = \square\frac{\square}{\square}$$

❸ **카드:** 6 8 7

$$\frac{\square}{\square} = \square\frac{\square}{\square}$$

$$\frac{\square}{\square} = \square\frac{\square}{\square}$$

$$\frac{\square}{\square} = \square\frac{\square}{\square}$$

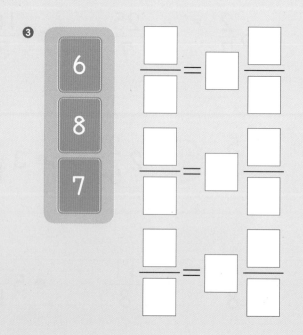

숫자 카드 중 두 장을 사용하여 가분수를 만들고 대분수로 고친 다음, 가장 큰 분수에 ○표 하시오.

보기 — 카드 2, 7, 5

$$\frac{5}{2}=2\frac{1}{2}$$

$$\boxed{\frac{7}{2}=3\frac{1}{2}}$$

$$\frac{7}{5}=1\frac{2}{5}$$

❶ 카드 3, 5, 8

❷ 카드 4, 5, 9

❸ 카드 6, 7, 8

❹ 카드 4, 6, 9

❺ 카드 3, 8, 7

숫자 카드 대분수

◑ 숫자 카드를 한 번씩 사용하여 대분수를 세 개 만드시오.

| 2 | 3 | 7 | | $2\dfrac{3}{7}$ | | $3\dfrac{2}{7}$ | | $7\dfrac{2}{3}$ |

❶ 4 7 6

❷ 9 1 4

❸ 8 3 5

❹ 2 4 5

숫자 카드를 한 번씩 사용하여 만들 수 있는 대분수를 모두 쓰고, 그중 가장 큰 것에 ○표 하시오.

$$4\frac{5}{7} \qquad 5\frac{4}{7} \qquad \boxed{7\frac{4}{5}}$$

❶

❷

❸

❹

네모 대소

● □ 안에 들어갈 수 있는 수에 모두 ○표 하시오.

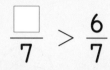

$$\frac{\square}{7} > \frac{6}{7}$$

4 5 6 ⑦ ⑧

❶ $$\frac{\square}{8} < \frac{11}{8}$$

9 10 11 12 13

❷ $$\frac{\square}{11} > \frac{15}{11}$$

13 14 15 16 17

❸ $$\frac{7}{\square} < \frac{7}{5}$$

3 4 5 6 7

❹ $$\frac{11}{\square} > \frac{11}{8}$$

6 7 8 9 10

❺ $$\frac{10}{\square} < \frac{10}{9}$$

8 9 10 11 12

❻ $$\square\frac{2}{5} > 4\frac{3}{5}$$

1 2 3 4 5

❼ $$\square\frac{5}{6} < 9\frac{5}{6}$$

7 8 9 10 11

● □ 안에 들어갈 수 있는 수를 모두 쓰시오.

$$\frac{8}{7} < \frac{\square}{7} < \frac{12}{7}$$

9 10 11

① $$\frac{13}{8} < \frac{\square}{8} < \frac{17}{8}$$

② $$\frac{18}{14} < \frac{18}{\square} < \frac{18}{10}$$

③ $$\frac{11}{7} < \frac{11}{\square} < \frac{11}{3}$$

④ $$3\frac{5}{7} < \square\frac{4}{7} < 7\frac{2}{7}$$

⑤ $$7\frac{3}{10} < \square\frac{7}{10} < 9\frac{9}{10}$$

⑥ $$\frac{6}{5} < \square\frac{2}{5} < 4\frac{1}{5}$$

⑦ $$\frac{10}{3} < \square\frac{2}{3} < \frac{18}{3}$$

1 두 분수의 크기를 비교하여 ○ 안에 >, =, <를 알맞게 써넣으시오.

① $\dfrac{7}{4}$ ◯ $1\dfrac{3}{4}$　　② $1\dfrac{3}{5}$ ◯ $\dfrac{7}{5}$　　③ $\dfrac{11}{6}$ ◯ $1\dfrac{4}{6}$

2 다음 분수 중에서 가장 큰 분수에 ○표, 가장 작은 분수에 △표 하시오.

$$\dfrac{19}{8} \qquad 1\dfrac{7}{8} \qquad \dfrac{3}{8} \qquad 2\dfrac{1}{8} \qquad \dfrac{15}{8}$$

3 숫자 카드 중에서 두 장을 사용하여 가장 큰 가분수로 만들고 대분수로 고치시오.

4 □ 안에 들어갈 수 있는 수 중 가장 작은 수를 구하시오.

① $\dfrac{\square}{7} > \dfrac{6}{7}$　　　　② $\dfrac{\square 2}{7} > 4\dfrac{3}{7}$

MEMO

MEMO

쎈연산

정답 및 해설
Guide Book

초등3 4호
분수

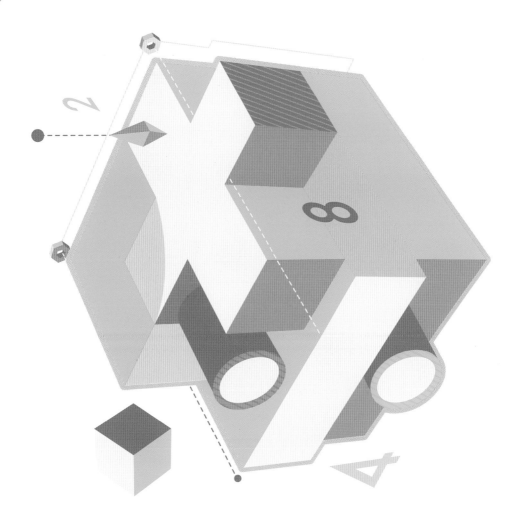

NE능률

609 낱개와 분수 (1)

● 접시 안의 쿠키를 전체로 볼 때, ▒안 쿠키의 수를 분수로 나타내시오.

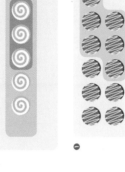

전체 8 중의 3은 $\dfrac{3}{8}$ 입니다.

3
8

전체 7 중의 5는 $\dfrac{5}{7}$ 입니다.

5
7

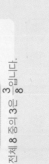

4
9

7
10

8
9

5
6

8

● 분수로 나타내고 □ 안에 알맞은 수를 써넣으시오.

3
5

3은 5의 $\dfrac{3}{5}$ 입니다.

❶
6
11

6은 11의 $\dfrac{6}{11}$ 입니다.

❷
2
9

2는 9의 $\dfrac{2}{9}$ 입니다.

❸
7
10

7은 10의 $\dfrac{7}{10}$ 입니다.

❹
7
12

7은 12의 $\dfrac{7}{12}$ 입니다.

① 주차

610 낱개와 복수 (2)

● 안의 수만큼 ○를 그려 파일을 묶고, □ 안에 알맞은 수를 세넣으시오.

예시 답안과 묶은 모양이 달라도 묶음 묶음 안의 개수가 같으면 정답입니다.

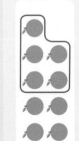

⑤ 5 는 9의 **5** 입니다. **9**

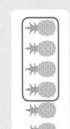

④ 4 는 7의 **4** 입니다. **7**

③ 3 은 8의 **3** 입니다. **8**

④ 7 은 9의 **7** 입니다. **9**

② 2 는 11의 **2** 입니다. **11**

10

● □ 안에 알맞은 수를 세넣으시오.

① 6은 13의 **6** 입니다.
14는 13의 **14** 입니다. **13**

② 4는 7의 **4** 입니다.
9는 7의 **9** 입니다. **7**

③ 6은 11의 **6** 입니다.
12는 11의 **12** 입니다. **11**

④ 9는 10의 **9** 입니다.
11 은 10의 **11** 입니다. **10**

⑤ 7은 16의 **7** 입니다.
19는 16의 **19** 입니다. **16**

3은 8의 **3** 입니다.
17은 8의 **17** 입니다. **8**

▲는 ■의 ▲ 입니다. ■

월 일

사고셈 ● 11

611 묶음과 분수 (1)

● 색칠해진 부분을 낱개와 묶음 두 가지 방법으로 분수로 나타낸 것입니다. □ 안에 알맞은 수를 써넣으시오.

$$\frac{6}{9} = \frac{2}{3}$$

6은 9의 $\frac{6}{9}$ 입니다.

9를 3씩 묶으면 $\frac{2}{3}$ 입니다.

6은 9의 $\frac{2}{3}$ 입니다.

①

$$\frac{12}{16} = \frac{3}{4}$$

12는 16의 $\frac{12}{16}$ 입니다.

16을 4씩 묶으면 $\frac{3}{4}$ 입니다.

12는 16의 $\frac{3}{4}$ 입니다.

②

$$\frac{12}{15} = \frac{4}{5}$$

12는 15의 $\frac{12}{15}$ 입니다.

15를 3씩 묶으면 $\frac{4}{5}$ 입니다.

12는 15의 $\frac{4}{5}$ 입니다.

● 색칠해진 묶음과 묶음의 수를 분수로 나타내고 □ 안에 알맞은 수를 써넣으시오.

낱개를 분수로 나타내는 경우와 묶음을 분수로 나타내는 경우 표현되는 분수는 다르지만 크기는 다르지만 크기는 모두 같은 분수입니다. 몇 씩 묶느냐에 따라서도 표현되는 분수는 다르지만 모두 같은 값의 분수입니다.

✚

5

6

18개를 3씩 묶으면 $\boxed{5}$ 입니다.

15는 18의 $\boxed{6}$ 입니다.

①

2

5

25개를 5씩 묶으면 $\boxed{2}$ 입니다.

10은 25의 $\boxed{5}$ 입니다.

②

3

8

32개를 4씩 묶으면 $\boxed{3}$ 입니다.

12는 32의 $\boxed{8}$ 입니다.

③

3

4

16개를 4씩 묶으면 $\boxed{3}$ 입니다.

12는 16의 $\boxed{4}$ 입니다.

① 주차   P.12 ● P.13

1 주차

612 묶음과 분수 (2)

● □ 안의 수씩 묶고 □ 안에 알맞은 수를 써넣으시오. 예시 답안과 같이 묶음의 수를 기준으로 분수를 나타냅니다.

①

20을 4씩 묶으면 8은 20의 $\dfrac{2}{5}$ 입니다.

12는 20의 $\dfrac{3}{5}$ 입니다.

24를 3씩 묶으면 9는 24의 $\dfrac{3}{8}$ 입니다.

15는 24의 $\dfrac{5}{8}$ 입니다.

②

30을 5씩 묶으면 10은 30의 $\dfrac{2}{6}$ 입니다.

25는 30의 $\dfrac{5}{6}$ 입니다.

✚ □ 안에 알맞은 수를 써넣으시오.

① 36을 4씩 묶었습니다.

4는 36의 $\dfrac{1}{9}$ 입니다.

28은 36의 $\dfrac{7}{9}$ 입니다.

32는 36의 $\dfrac{8}{9}$ 입니다.

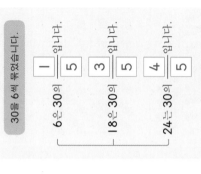

30을 6씩 묶었습니다.

6은 30의 $\dfrac{1}{5}$ 입니다.

18은 30의 $\dfrac{3}{5}$ 입니다.

24는 30의 $\dfrac{4}{5}$ 입니다.

③ 48을 8씩 묶었습니다.

8은 48의 $\dfrac{1}{6}$ 입니다.

24는 48의 $\dfrac{3}{6}$ 입니다.

40은 48의 $\dfrac{5}{6}$ 입니다.

② 42를 6씩 묶었습니다.

6은 42의 $\dfrac{1}{7}$ 입니다.

12는 42의 $\dfrac{2}{7}$ 입니다.

24는 42의 $\dfrac{4}{7}$ 입니다.

잘 공부했는지 알아봅시다

월 일

1 색칠한 부분을 낱개와 묶음 두 가지 방법으로 분수로 나타낸 것입니다. □ 안에 알맞은 수를 써넣으시오.

6은 8의 $\dfrac{6}{8}$ 입니다.

6은 2씩 묶으면 6은 8의 $\dfrac{3}{4}$ 입니다.

2 □ 안에 알맞은 수를 써넣으시오.

① 30을 6씩 묶으면 12는 30의 $\dfrac{2}{5}$ 입니다.

② 30을 10씩 묶으면 20은 30의 $\dfrac{2}{3}$ 입니다.

3 감자가 18개 있습니다. 그중 3개는 할머니께 드리고 9개는 이웃집에 드렸습니다. □ 안에 알맞은 수를 써넣으시오.

① 18을 3씩 묶으면 감자 3개는 18개의 $\dfrac{1}{6}$ 입니다.

② 18을 9씩 묶으면 감자 9개는 18개의 $\dfrac{1}{2}$ 입니다.

묶음 단추

613

● 안의 분수만큼 색칠하고 빈칸에 알맞은 수를 써넣으시오.

12의 $\frac{2}{3}$ 는 8 입니다.
12개를 3묶음으로 나누면 한 묶음
에 4개씩이므로, 2묶음에는 8개가
있습니다.

①

15의 $\frac{1}{3}$ 은 5 입니다.
15개를 3묶음으로 나누면 한 묶음
에 5개가 있습니다.

②

15의 $\frac{3}{5}$ 은 9 입니다.

③

10의 $\frac{2}{5}$ 는 4 입니다.

④

16의 $\frac{3}{4}$ 은 12 입니다.

⑤

20의 $\frac{2}{4}$ 는 10 입니다.

◆ 묶음의 수가 분모가 되도록 똑같이 나눈 다음, 빈칸에 알맞은 수를 써넣으시오.
예시 답안과 묶음 모양이 달라도 묶은 안의
개수가 같으면 정답입니다.

①

18의 $\frac{4}{6}$ 는 12 입니다.
18개를 6묶음으로 나누면 한 묶음
에 3개씩이므로, 4묶음에는 12개
입니다.

②

15의 $\frac{2}{3}$ 는 10 입니다.
15개를 3묶음으로 나누면 한 묶음
에 5개씩이므로, 2묶음에는 10개
입니다.

③

20의 $\frac{2}{5}$ 는 8 입니다.

④

21의 $\frac{2}{7}$ 는 6 입니다.

⑤ 16의 $\frac{5}{8}$ 는 10 입니다.

⑥ 14의 $\frac{3}{7}$ 은 6 입니다.

주차 2

614 18과 24

● 18을 여러 가지 방법으로 나누었습니다. 빈칸에 알맞은 수를 써넣으시오.

① 18의 $\frac{5}{6}$ 는 [15] 입니다.

② 18의 $\frac{2}{3}$ 는 [12] 입니다.

③ 18의 $\frac{2}{9}$ 는 [4] 입니다.

④ 18의 $\frac{1}{2}$ 은 [9] 입니다.

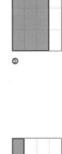

⑤ 18의 $\frac{5}{9}$ 는 [10] 입니다.

⑥ 18의 $\frac{3}{6}$ 은 [9] 입니다.

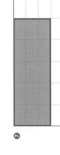

⑦ 18의 $\frac{4}{9}$ 는 [8] 입니다.

⑧ 18의 $\frac{1}{3}$ 은 [6] 입니다.

색칠한 칸의 위치가 달라도 색칠한 칸의 수가 같으면 정답입니다.

① 24의 $\frac{2}{3}$ 는 [16] 입니다.

③ 24의 $\frac{5}{6}$ 는 [20] 입니다.

⑤ 24의 $\frac{3}{4}$ 는 [18] 입니다.

⑦ 24의 $\frac{5}{8}$ 는 [15] 입니다.

● 분수만큼 색칠하고 빈칸에 알맞은 수를 써넣으시오.

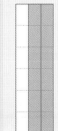

② 24의 $\frac{1}{3}$ 은 [8] 입니다.

④ 24의 $\frac{1}{6}$ 은 [4] 입니다.

⑥ 24의 $\frac{1}{4}$ 은 [6] 입니다.

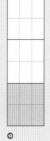

⑧ 24의 $\frac{1}{8}$ 은 [3] 입니다.

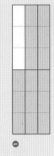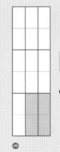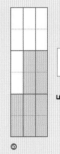

② 주차

615 단위분수만큼

● 그림을 보고 빈칸에 알맞은 수를 세넣으시오.

$20 \div 5 = 4$

20의 $\frac{1}{5}$ 은 4 입니다.

①

$18 \div 3 = 6$

18의 $\frac{1}{3}$ 은 6 입니다.

②

$21 \div 7 = 3$

21의 $\frac{1}{7}$ 은 3 입니다.

③

$32 \div 4 = 8$

32의 $\frac{1}{4}$ 은 8 입니다.

④

$24 \div 6 = 4$

24의 $\frac{1}{6}$ 은 4 입니다.

단위분수는 $\frac{1}{2}, \frac{1}{3}, \frac{1}{4}, \cdots$ 과 같이 분자가 1인 분수입니다.

나눗셈을 이용하여 자연수의 단위분수만큼을 구하시오.

■의 $\frac{1}{▲}$ 은 ■÷▲입니다.

15의 $\frac{1}{5}$ 은 3 입니다.

$15 \div 5 = 3$

① 12의 $\frac{1}{6}$ 은 2 입니다.

$12 \div 6 = 2$

② 18의 $\frac{1}{6}$ 은 3 입니다.

$18 \div 6 = 3$

③ 21의 $\frac{1}{3}$ 은 7 입니다.

$21 \div 3 = 7$

④ 32의 $\frac{1}{8}$ 은 4 입니다.

$32 \div 8 = 4$

⑤ 16의 $\frac{1}{8}$ 은 2 입니다.

$16 \div 8 = 2$

⑥ 12의 $\frac{1}{4}$ 은 3 입니다.

$12 \div 4 = 3$

⑦ 24의 $\frac{1}{3}$ 은 8 입니다.

$24 \div 3 = 8$

616 분수만큼

● 빈칸에 알맞은 수를 써넣으시오.

15의 $\frac{1}{5}$ 은 $\boxed{3}$ 입니다. $15\div5=3$
$\frac{3}{5}$ 은 $\boxed{3}$ 개입니다.
15의 $\frac{3}{5}$ 은 $\boxed{9}$ 입니다. $3\times3=9$

① 12의 $\frac{1}{6}$ 은 $\boxed{2}$ 입니다. $12\div6=2$
$\frac{5}{6}$ 는 $\boxed{5}$ 개입니다.
12의 $\frac{5}{6}$ 는 $\boxed{10}$ 입니다. $2\times5=10$

② 18의 $\frac{1}{3}$ 은 $\boxed{6}$ 입니다.
$\frac{2}{3}$ 는 $\boxed{2}$ 개입니다.
18의 $\frac{2}{3}$ 는 $\boxed{12}$ 입니다.

③ 16의 $\frac{1}{4}$ 은 $\boxed{4}$ 입니다.
$\frac{3}{4}$ 은 $\boxed{3}$ 개입니다.
16의 $\frac{3}{4}$ 은 $\boxed{12}$ 입니다.

④ 32의 $\frac{1}{8}$ 은 $\boxed{4}$ 입니다.
$\frac{3}{8}$ 은 $\boxed{3}$ 개입니다.
32의 $\frac{3}{8}$ 은 $\boxed{12}$ 입니다.

⑤ 20의 $\frac{1}{10}$ 은 $\boxed{2}$ 입니다.
$\frac{7}{10}$ 이 $\boxed{7}$ 개입니다.
20의 $\frac{7}{10}$ 은 $\boxed{14}$ 입니다.

24

● 보기와 같이 자연수의 분수만큼을 구하시오.

전체의 분수만큼은 분수의 분모가 단위분수의 몇 배인지를 이용하여 해결합니다.
8의 $\frac{1}{4}$ 은 20이고, $\frac{3}{4}$ 은
$\frac{1}{4}$ 의 3배이므로 2의
3배인 6입니다.

보기
18의 $\frac{5}{6}$ 는 $\boxed{15}$ 입니다.
18의 $\frac{1}{6}$ 은 $18\div6=3$
18의 $\frac{5}{6}$ 는 $3\times5=15$

① 20의 $\frac{3}{10}$ 은 $\boxed{6}$ 입니다.
20의 $\frac{1}{10}$ 은 $20\div10=2$
20의 $\frac{3}{10}$ 은 $2\times3=6$

② 32의 $\frac{7}{8}$ 은 $\boxed{28}$ 입니다.
32의 $\frac{1}{8}$ 은 $32\div8=4$
32의 $\frac{7}{8}$ 은 $4\times7=28$

③ 15의 $\frac{4}{5}$ 는 $\boxed{12}$ 입니다.
15의 $\frac{1}{5}$ 은 $15\div5=3$
15의 $\frac{4}{5}$ 는 $3\times4=12$

④ 36의 $\frac{3}{4}$ 은 $\boxed{27}$ 입니다.
36의 $\frac{1}{4}$ 은 $36\div4=9$
36의 $\frac{3}{4}$ 은 $9\times3=27$

⑤ 36의 $\frac{5}{6}$ 는 $\boxed{30}$ 입니다.
36의 $\frac{1}{6}$ 은 $36\div6=6$
36의 $\frac{5}{6}$ 는 $6\times5=30$

② 주차

잘 공부했는지 알아봅시다

1 ☐ 안에 알맞은 수를 써넣으시오.

$$28의 \frac{1}{4}은 28 \div 4 = \boxed{7} 입니다.$$

$$28의 \frac{3}{4}은 \boxed{7} \times 3 = \boxed{21} 입니다.$$

$$\frac{1}{\blacktriangle}의 \boxed{}은 \blacksquare \div \blacktriangle 입니다.$$

$$\blacksquare의 \frac{1}{\blacktriangle}은 \boxed{} \div \blacktriangle 입니다.$$

$$\frac{3}{4}은 \frac{1}{4}이 3개이므로$$

$$7 \times 3 = 21 입니다.$$

2 하루는 24시간입니다. 동현이의 하루의 일과를 보고 ☐ 안에 알맞은 수를 써넣으시오.

하루의 $\frac{1}{3}$ 은 잠을 잡니다. → $\boxed{8}$ 시간 24÷3

하루의 $\frac{1}{4}$ 은 공부를 합니다. → $\boxed{6}$ 시간 24÷4

하루의 $\frac{1}{8}$ 은 밥을 먹습니다. → $\boxed{3}$ 시간 24÷8

남은 시간은 $\boxed{7}$ 시간입니다. 24−8−6−3=7(시간)

3 길이가 21 cm인 끈을 사서 $\frac{1}{3}$ 은 선물을 포장하는 데 사용하였습니다. 남은 끈의 길이는 몇 cm입니까?

14 cm

남은 끈의 길이는 21 cm의 $\frac{2}{3}$ 입니다.

21의 $\frac{1}{3}$ 이 21÷3=7(cm)이므로

$\frac{2}{3}$ 는 7×2=14(cm)입니다.

617 수직선에 분수 쓰기

● 수직선의 빈칸에 알맞은 분수를 써넣으시오.

 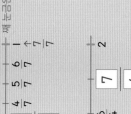   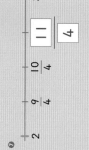 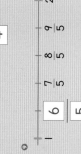 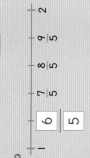 

수직선의 0부터 1까지 ⊕ 수직선의 빈칸에 알맞은 분수를 써넣으시오.
가 ■칸으로 나누어져 있
을 때, 0에서부터 ▲번
째 눈금은 ▲/■ 입니다.

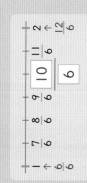 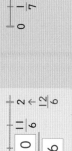 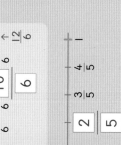   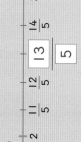

③ 주차

618 수직선 선잇기

● 관계있는 것끼리 선으로 이으시오.

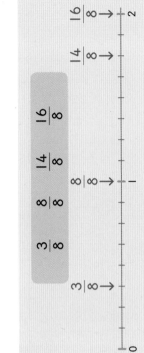

$\dfrac{10}{7}$ $\dfrac{8}{7}$ $\dfrac{11}{7}$

1과 2사이가 7등분 되어 있으므로 작은 눈금 한 칸의 크기는 $\dfrac{1}{7}$입니다.

1은 0부터 생각했을 때, 7번째 칸이므로 $\dfrac{7}{7}$이고, 그 다음 칸은 $\dfrac{8}{7}$입니다.

$\dfrac{4}{8}$ $\dfrac{6}{8}$ $\dfrac{1}{8}$

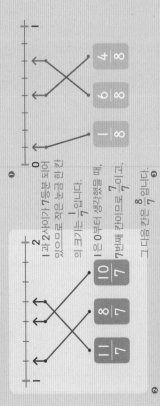

$\dfrac{3}{6}$ $\dfrac{1}{6}$ $\dfrac{5}{6}$

$\dfrac{13}{8}$ $\dfrac{10}{8}$ $\dfrac{15}{8}$

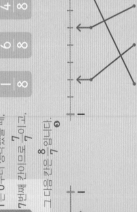

$\dfrac{16}{6}$ $\dfrac{14}{6}$ $\dfrac{17}{6}$

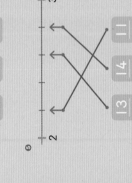
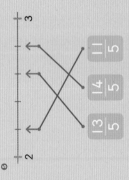

$\dfrac{11}{5}$ $\dfrac{14}{5}$ $\dfrac{13}{5}$

● 분수를 수직선에 ↓로 나타내시오.

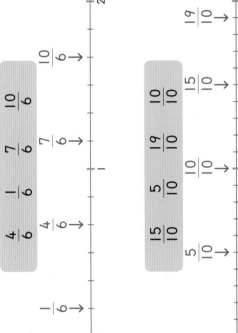

$\dfrac{3}{8} \rightarrow$ $\dfrac{3}{8}$ $\dfrac{8}{8}$ $\dfrac{14}{8}$ $\dfrac{16}{8}$ $\dfrac{8}{8} \rightarrow$ $\dfrac{14}{8} \rightarrow$ $\dfrac{16}{8} \rightarrow$

$\dfrac{1}{6} \rightarrow$ $\dfrac{4}{6}$ $\dfrac{1}{6}$ $\dfrac{7}{6}$ $\dfrac{10}{6}$ $\dfrac{4}{6} \rightarrow$ $\dfrac{7}{6} \rightarrow$ $\dfrac{10}{6} \rightarrow$

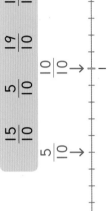

$\dfrac{5}{10} \rightarrow$ $\dfrac{15}{10}$ $\dfrac{5}{10}$ $\dfrac{19}{10}$ $\dfrac{10}{10}$ $\dfrac{15}{10}$ $\dfrac{15}{10} \rightarrow$ $\dfrac{10}{10} \rightarrow$ $\dfrac{19}{10} \rightarrow$

619 크기가 같은 두 분수

● ↓위의 ↑가 나타내는 분수를 쓰시오.

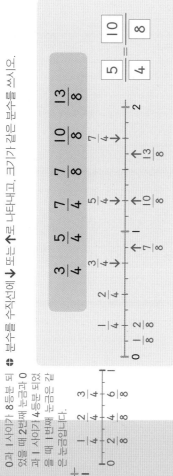

①

②

③

④

⑤

● ↓ 분수를 수직선에 ↓ 또는 ↑로 나타내고, 크기가 같은 분수를 쓰시오.

0과 1 사이가 8등분 되었을 때 2번째 눈금과 0과 1 사이가 4등분 되었을 때 1번째 눈금은 같은 크기의 눈금입니다.

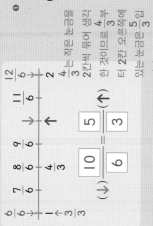

①

②

③ 주차

620 분수를 수직선에 나타내기

● 분수를 수직선에 ↓로 나타내시오.

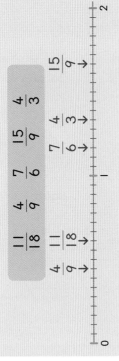

작은 눈금을 3칸씩 묶어서 생각할 때
$\frac{1}{4}$은 0에서부터 3번째 눈금입니다.

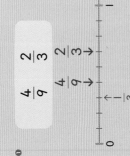

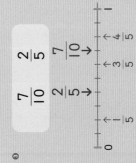

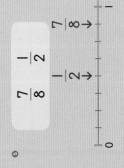

● 분수의 분모를 보고 작 ● 분수를 수직선에 ↓로 나타내시오.
은 눈금을 몇 칸씩 묶어
야 하는지 결정합니다.

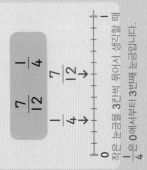

❶

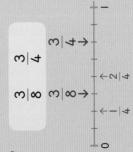

❷

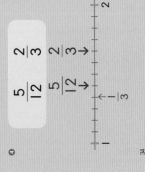

잘 공부했는지 알아봅시다

월 일

1 수직선에 ↓로 나타낸 분수만큼 색칠한 것에 ○표 하시오.

0과 1 사이가 8칸으로 나누어져 있고 0에서부터 3번째 눈금이므로 $\frac{3}{8}$입니다.

2 분수를 수직선에 ↓로 나타내어 보시오.

$$\frac{2}{7} \qquad \frac{7}{7} \qquad \frac{13}{7}$$

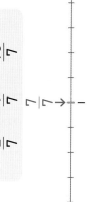

3 분수를 수직선에 ↓ 또는 ↑로 나타내고, 크기가 같은 두 분수에 ○표 하시오.

$$\frac{3}{8} \quad \frac{5}{8} \quad \boxed{\frac{6}{8}} \quad \frac{1}{4} \quad \frac{2}{4} \quad \boxed{\frac{3}{4}}$$

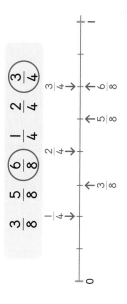

③ 주차

36

621 여러 가지 분수

● 관계있는 것끼리 선으로 이으시오.

①
- $\frac{6}{6}$ — 가분수
- $3\frac{1}{4}$ — 진분수
- $\frac{3}{10}$ — 대분수

- 분자가 분모보다 작은 분수
- 분자가 분모와 같거나 큰 분수
- 자연수와 진분수로 이루어진 분수

②
- $\frac{1}{8}$ — 진분수
- $\frac{11}{2}$ — 가분수
- $1\frac{1}{2}$ — 대분수

- 분자가 분모보다 작은 분수
- 자연수와 진분수로 이루어진 분수
- 분자가 분모와 같거나 큰 분수

③
- $\frac{7}{8}$ — 대분수
- $1\frac{1}{8}$ — 진분수
- $\frac{8}{7}$ — 가분수

- 분자가 분모와 같거나 큰 분수
- 분자가 분모보다 작은 분수
- 자연수와 진분수로 이루어진 분수

$\frac{1}{6}$, $\frac{2}{6}$와 같이 분자가 분모보다 작은 분수를 **진분수**라고 합니다.

$\frac{6}{6}$, $\frac{7}{6}$과 같이 분자가 분모와 같거나 분모보다 큰 분수를 **가분수**라고 합니다.

$\frac{1}{6}$, $1\frac{1}{6}$과 같이 자연수와 진분수로 이루어진 분수를 **대분수**라고 합니다.

1, 2, 3과 같은 수를 **자연수**라고 합니다.

● 맞지 않는 것에 ✕표 하시오.

② — 대분수
- $\frac{7}{3}$ (✕) $1\frac{6}{7}$
- $\frac{4}{9}$ (✕) $2\frac{4}{5}$

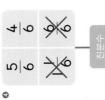
① — 가분수
- $\frac{3}{2}$ $\frac{2}{3}$ (✕)
- $\frac{7}{7}$ $\frac{1}{3}$ (✕)

진분수
- $\frac{4}{7}$ $\frac{6}{4}$ (✕)
- $\frac{1}{2}$ (✕) $\frac{3}{10}$

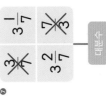
⑤ — 대분수
- $\frac{2}{3}$ (✕) $3\frac{2}{3}$
- $2\frac{2}{3}$ $\frac{3}{2}$ (✕)

④ — 진분수
- $\frac{5}{6}$ $\frac{4}{6}$
- $\frac{4}{6}$ (✕) $\frac{6}{6}$ (✕)

③ — 가분수
- $\frac{11}{10}$ $\frac{11}{8}$
- $\frac{8}{5}$ (✕) $\frac{6}{8}$ (✕)

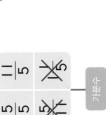
⑧ — 진분수
- $\frac{8}{9}$ $\frac{9}{9}$ (✕)
- $\frac{5}{6}$ (✕) $\frac{7}{9}$

⑦ — 대분수
- $\frac{3}{7}$ (✕) $3\frac{1}{7}$
- $3\frac{2}{7}$ $\frac{7}{3}$ (✕)

⑥ — 가분수
- $\frac{5}{5}$ $\frac{11}{5}$
- $\frac{5}{6}$ (✕) $\frac{1}{5}$ (✕)

622 분수 만들기

● 숫자 카드 중 두 장을 사용하여 만들 수 있는 진분수를 모두 찾아 ○표 하시오.

① [2] [3] [7]
$\dfrac{3}{7}$(○) $\dfrac{3}{2}$ $\dfrac{2}{3}$(○) $\dfrac{7}{2}$ $\dfrac{2}{7}$(○)

② [4] [9] [5]
$\dfrac{9}{5}$ $\dfrac{4}{9}$(○) $\dfrac{4}{5}$(○) $\dfrac{5}{9}$(○)

③ [8] [3] [6]
$\dfrac{3}{8}$(○) $\dfrac{8}{6}$ $\dfrac{3}{6}$(○) $\dfrac{6}{8}$(○) $\dfrac{8}{3}$

● 숫자 카드 중 두 장을 사용하여 만들 수 있는 가분수를 모두 찾아 ○표 하시오.

③ [4] [3] [7]
$\dfrac{4}{3}$(○) $\dfrac{3}{7}$ $\dfrac{7}{4}$(○) $\dfrac{4}{7}$ $\dfrac{7}{3}$(○)

④ [6] [2] [3]
$\dfrac{3}{2}$(○) $\dfrac{6}{2}$(○) $\dfrac{2}{3}$ $\dfrac{3}{6}$ $\dfrac{6}{3}$(○)

⑤ [7] [5] [8]
$\dfrac{5}{7}$ $\dfrac{8}{7}$(○) $\dfrac{7}{5}$(○) $\dfrac{5}{8}$ $\dfrac{7}{8}$ $\dfrac{8}{5}$(○)

● 숫자 카드 중 두 장을 사용하여 만들 수 있는 진분수와 가분수를 모두 쓰시오.

[4] [6] [7]
진분수: $\dfrac{4}{6}$ $\dfrac{4}{7}$ $\dfrac{6}{7}$
가분수: $\dfrac{6}{4}$ $\dfrac{7}{4}$ $\dfrac{7}{6}$

① [3] [5] [4]
진분수: $\dfrac{3}{4}$ $\dfrac{3}{5}$ $\dfrac{4}{5}$
가분수: $\dfrac{4}{3}$ $\dfrac{5}{3}$ $\dfrac{5}{4}$

② [9] [2] [7]
진분수: $\dfrac{2}{7}$ $\dfrac{2}{9}$ $\dfrac{7}{9}$
가분수: $\dfrac{7}{2}$ $\dfrac{9}{2}$ $\dfrac{9}{7}$

③ [5] [3] [8]
진분수: $\dfrac{3}{5}$ $\dfrac{3}{8}$ $\dfrac{5}{8}$
가분수: $\dfrac{5}{3}$ $\dfrac{8}{3}$ $\dfrac{8}{5}$

④ [9] [3] [2]
진분수: $\dfrac{2}{3}$ $\dfrac{2}{9}$ $\dfrac{3}{9}$
가분수: $\dfrac{3}{2}$ $\dfrac{9}{2}$ $\dfrac{9}{3}$

⑤ [2] [6] [4]
진분수: $\dfrac{2}{4}$ $\dfrac{2}{6}$ $\dfrac{4}{6}$
가분수: $\dfrac{4}{2}$ $\dfrac{6}{2}$ $\dfrac{6}{4}$

⑥ [7] [4] [8]
진분수: $\dfrac{4}{7}$ $\dfrac{4}{8}$ $\dfrac{7}{8}$
가분수: $\dfrac{7}{4}$ $\dfrac{8}{4}$ $\dfrac{8}{7}$

4 주차

623 분수 수수께끼

● 분수를 보고 맞으면 ○표, 틀리면 ×표 하시오.

$\dfrac{4}{7}$
분자가 분모보다 작습니다. (○)
분모는 4입니다. 분모는 7입니다. (×)
대분수입니다. 진분수입니다. (×)

① $\dfrac{9}{7}$
분자와 분모의 차가 3입니다. (×)
1보다 큽니다. 분자가 분모보다 큰 분수는 1보다 큽니다. (○)
진분수입니다. 가분수입니다. (×)

② $\dfrac{9}{9}$
분자와 분모의 합이 16입니다. (×)
1과 크기가 같습니다. 분자와 분모가 같으면 1과 크기가 같습니다. (○)
분자가 분모와 같거나 큽니다. (○)

③ $\dfrac{4}{8}$
분모가 분자의 2배입니다. (○)
$\dfrac{1}{2}$과 크기가 같습니다. (○)
가분수입니다. (×)

④ $\dfrac{7}{6}$
분자와 분모의 차가 1입니다. (○)
1보다 작습니다. (×)
분자와 분모의 합이 13입니다. (○)

● 나는 얼마입니까?

$\dfrac{5}{5}$
• 분자와 분모의 합이 10입니다.
• 분자와 분모가 같습니다.

분자와 분모가 같고 합이 10이므로 분자와 분모는 모두 10÷2=5입니다.

① $\dfrac{5}{10}$
• 분자와 분모의 차가 5입니다.
• $\dfrac{1}{2}$과 크기가 같습니다. 분모는 분자의 2배입니다.

② $\dfrac{9}{7}$
• 분모가 7인 가분수입니다.
• 분자와 분모의 차가 2입니다.

③ $\dfrac{3}{9}$
• 분자가 3인 진분수입니다.
• 분자와 분모의 차가 6입니다.

④ $\dfrac{6}{5}$
• 분자와 분모의 차가 1입니다.
• 분자와 분모의 합이 11인 가분수입니다.

⑤ $\dfrac{9}{9}$
• 분자와 분모의 합이 18입니다.
• 1과 크기가 같습니다.

624 조건과 분수

조건에 맞는 분수에 모두 ○표 하시오.

조건 분모가 7인 진분수

5/7 6/8 9/7 (7/7) (6/7)

진분수이므로 분자가 7보다 작은 분수입니다.

① **조건** 분자가 6인 가분수

6/8 (6/6) (6/7) (7/5)

가분수이므로 분모가 6과 같거나 6보다 작은 분수입니다.

② **조건** 1과 크기가 같은 가분수

(3/3) (4/4) 5/4 (5/5)

③ **조건** 분자와 분모의 합이 10인 진분수

(3/7) 8/2 1/9 (5/5)

④ **조건** 분자와 분모의 차가 1인 가분수

5/6 (7/6) 6/7 (8/7)

⑤ **조건** 분모가 4인 진분수

7/4 (3/4) 5/4 6/4 (2/4)

조건에 맞는 분수를 모두 쓰시오.

분모가 5인 진분수

1/5 2/5 3/5 4/5

① 분자가 4인 가분수

4/2 4/3 4/4

② 분자와 분모의 합이 9인 진분수

1/8 2/7 3/6 4/5

③ 분자와 분모의 합이 8인 가분수

6/2 5/3 4/4

④ 분자와 분모의 차가 1이고 분모와 분자의 합이 10보다 작은 진분수

1/2 2/3 3/4 4/5

⑤ 분자와 분모의 합이 5보다 작은 진분수

1/3 1/2

⑥ 분모와 분자의 합이 6인 진분수

2/4 1/5

⑦ 분모는 6보다 작고 분자는 2보다 다른 진분수

3/4 3/5 4/5

⑧ 분모는 4보다 크고 분자는 7보다 다 작은 가분수

5/5 6/5 6/6

⑨ 분모와 분자의 합이 10, 차가 2인 분수

6/4 4/6

4 주차

잘 공부했는지 알아봅시다

1 진분수는 ○표, 가분수는 △표 하시오.

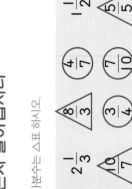

$2\frac{1}{3}$ $\frac{8}{3}$ $\frac{4}{7}$ $\frac{1}{2}$

$\frac{10}{7}$ $\frac{3}{4}$ $\frac{7}{10}$ $\frac{5}{5}$

2 자연수와 진분수로 이루어진 분수를 대분수라 합니다. 오른쪽 분수가 대분수가 아닌 이유를 쓰시오.

$9\frac{6}{5}$

대분수는 자연수와 진분수로 이루어진 분수인데, $9\frac{6}{5}$ 은 자연수와 가분수로 이루어진 분수이므로 대분수가 아닙니다.

3 숫자 카드 중에서 두 장을 사용하여 만들 수 있는 진분수를 세 개 쓰시오.

7   4   6

$\frac{4}{6}$ $\frac{4}{7}$ $\frac{6}{7}$

4 나는 얼마입니까?

• 나는 분자가 7인 가분수입니다.
• 나는 분자와 분모의 합이 12입니다.

$\frac{7}{5}$

$7+5=12$

625 그림과 분수 덧셈

● 더하는 분수만큼 색칠하고, □ 안에 알맞은 수를 써넣으시오.
예시 답안과 색칠한 칸의 위치가 달라도 칸의 개수가 같으면 정답입니다.

$$\frac{3}{8} + \frac{2}{8} = \frac{5}{8}$$

❶ $\frac{2}{9} + \frac{5}{9} = \frac{7}{9}$

❷ $\frac{3}{6} + \frac{1}{6} = \frac{4}{6}$

❸ $\frac{1}{10} + \frac{3}{10} = \frac{4}{10}$

❹ $\frac{4}{7} + \frac{2}{7} = \frac{6}{7}$

❺ $\frac{2}{8} + \frac{5}{8} = \frac{7}{8}$

❻ $\frac{4}{9} + \frac{2}{9} = \frac{6}{9}$

❼ $\frac{2}{6} + \frac{3}{6} = \frac{5}{6}$

❽ $\frac{7}{10} + \frac{1}{10} = \frac{8}{10}$

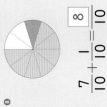

48

✚ 더하는 분수만큼 색칠하고, □ 안에 알맞은 수를 써넣으시오.
예시 답안과 색칠한 칸의 위치가 달라도 칸의 개수가 같으면 정답입니다.

$$\frac{5}{12} + \frac{3}{12} = \frac{8}{12}$$

❶ $\frac{7}{15} + \frac{4}{15} = \frac{11}{15}$

❷ $\frac{4}{9} + \frac{3}{9} = \frac{7}{9}$

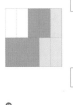

❸ $\frac{3}{10} + \frac{5}{10} = \frac{8}{10}$

❹ $\frac{7}{16} + \frac{5}{16} = \frac{12}{16}$

❺ $\frac{3}{12} + \frac{4}{12} = \frac{7}{12}$

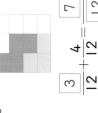

5 주차

626 단위분수와 분수 덧셈

● □ 안에 알맞은 수를 써넣으시오.

❶
$\frac{3}{5}$은 $\frac{1}{5}$이 $\boxed{3}$ 개
$\frac{4}{5}$는 $\frac{1}{5}$이 $\boxed{4}$ 개
$\frac{3}{5} + \frac{4}{5}$는 $\frac{1}{5}$이 $\boxed{7}$ 개

$$\frac{3}{5} + \frac{4}{5} = \frac{\boxed{7}}{5}$$

❷
$\frac{3}{8}$은 $\frac{1}{8}$이 $\boxed{3}$ 개
$\frac{6}{8}$은 $\frac{1}{8}$이 $\boxed{6}$ 개
$\frac{3}{8} + \frac{6}{8}$은 $\frac{1}{8}$이 $\boxed{9}$ 개

$$\frac{3}{8} + \frac{6}{8} = \frac{\boxed{9}}{8}$$

❸
$\frac{4}{11}$는 $\frac{1}{11}$이 $\boxed{4}$ 개
$\frac{5}{11}$는 $\frac{1}{11}$이 $\boxed{5}$ 개
$\frac{4}{11} + \frac{5}{11}$는 $\frac{1}{11}$이 $\boxed{9}$ 개

$$\frac{4}{11} + \frac{5}{11} = \frac{\boxed{9}}{11}$$

❹
$\frac{5}{9}$는 $\frac{1}{9}$이 $\boxed{5}$ 개
$\frac{7}{9}$은 $\frac{1}{9}$이 $\boxed{7}$ 개
$\frac{5}{9} + \frac{7}{9}$은 $\frac{1}{9}$이 $\boxed{12}$ 개

$$\frac{5}{9} + \frac{7}{9} = \frac{\boxed{12}}{9}$$

월 일

분모가 같은 분수의 덧셈은
셈은 분모는 그대로 쓰
고 분자끼리 더합니다.

➡ □ 안에 알맞은 수를 써넣으시오.

$$\frac{3}{6} + \frac{5}{6} = \frac{3+5}{6} = \frac{8}{6}$$

① $\dfrac{2}{9} + \dfrac{8}{9} = \dfrac{2+8}{9} = \dfrac{10}{9}$

② $\dfrac{2}{5} + \dfrac{4}{5} = \dfrac{2+4}{5} = \dfrac{6}{5}$

③ $\dfrac{7}{6} + \dfrac{8}{6} = \dfrac{7+8}{6} = \dfrac{15}{6}$

④ $\dfrac{4}{9} + \dfrac{7}{9} = \dfrac{4+7}{9} = \dfrac{11}{9}$

⑤ $\dfrac{1}{7} + \dfrac{6}{7} = \dfrac{1+6}{7} = \dfrac{7}{7}$

⑥ $\dfrac{9}{11} + \dfrac{8}{11} = \dfrac{9+8}{11} = \dfrac{17}{11}$

⑦ $\dfrac{6}{8} + \dfrac{5}{8} = \dfrac{6+5}{8} = \dfrac{11}{8}$

⑧ $\dfrac{10}{9} + \dfrac{10}{9} = \dfrac{10+10}{9} = \dfrac{20}{9}$

⑨ $\dfrac{5}{12} + \dfrac{11}{12} = \dfrac{5+11}{12} = \dfrac{16}{12}$

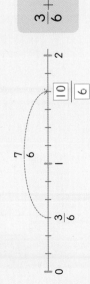

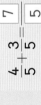
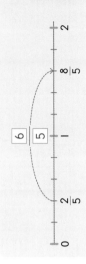
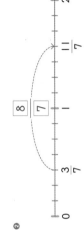
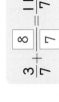
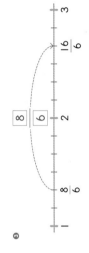

627 수직선과 분수 덧셈

● 수직선의 빈칸에 알맞은 수를 쓰고 덧셈식을 완성하시오.

$\dfrac{3}{6}+\dfrac{7}{6}=\dfrac{10}{6}$

① $\dfrac{4}{5}+\dfrac{3}{5}=\dfrac{7}{5}$

② $1\dfrac{10}{8}+\dfrac{1}{8}=\dfrac{11}{8}$

③ $1\dfrac{2}{7}\dfrac{6}{7}=\dfrac{18}{7}$ $\left(\dfrac{12}{7}+\dfrac{6}{7}=\dfrac{18}{7}\right)$

● 수직선의 빈칸에 알맞은 수를 쓰고 덧셈식을 완성하시오.

$\dfrac{2}{5}+\dfrac{6}{5}=\dfrac{8}{5}$

① $\dfrac{4}{6}+\dfrac{5}{6}=\dfrac{9}{6}$

② $\dfrac{3}{7}+\dfrac{8}{7}=\dfrac{11}{7}$

③ $\dfrac{8}{6}+\dfrac{8}{6}=\dfrac{16}{6}$

628 분수 덧셈표

가로줄과 세로줄이 만나는 곳에 두 수의 합을 씁니다.

● 빈칸에 알맞은 분수를 써넣으시오.

순서를 생각하여 해결합니다. 가로줄과 세로줄의 수부터 구합니다.

$$\frac{4}{12}+\frac{5}{12}=\frac{9}{12}$$

$$\frac{6}{12}+\frac{7}{12}=\frac{13}{12}$$

$$\frac{3}{8}+\frac{4}{8}=\frac{7}{8}$$

$$\frac{1}{8}+\frac{6}{8}=\frac{7}{8}$$

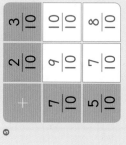

잘 공부했는지 알아봅시다

월   일

1 □ 안에 알맞은 수를 써넣으시오.

분모가 같은 분수의 덧셈은 분모는 그대로 쓰고 분자는 더합니다.

$$\frac{3}{9} + \frac{7}{9} \text{은 } \frac{1}{9} \text{이 } \boxed{10} \text{ 개이므로 } \frac{3}{9} + \frac{7}{9} = \frac{\boxed{10}}{9}$$

2 수직선에 ↓가 나타내는 분수를 쓰고, 두 수의 합을 대분수로 나타내시오. $1\frac{4}{10}$

$$\frac{5}{10} + \frac{9}{10} = \frac{14}{10} = 1\frac{4}{10}$$

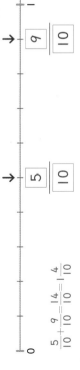

$$0 \qquad \frac{\boxed{5}}{\boxed{10}} \qquad \frac{\boxed{9}}{\boxed{10}} \qquad 1$$

3 빈칸에 알맞은 분수를 써넣으시오.

❶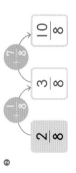

❷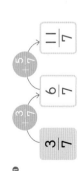

4 분모가 3인 두 진분수의 합을 자연수로 나타내시오. 1

$$\frac{1}{3} + \frac{2}{3} = \frac{3}{3} = 1, \text{ 분자와 분모가 같은 분수는 1과 같습니다.}$$

56

6주차

629 그림과 분수 뺄셈

● 빼는 분수만큼 ×표 하고, □ 안에 알맞은 수를 써넣으시오. ×표한 칸의 위치가 달라도 ×표한 칸의 개수가 같으면 정답입니다.

$$\frac{6}{8} - \frac{3}{8} = \boxed{\frac{3}{8}}$$

❷

$$\frac{3}{6} - \frac{1}{6} = \boxed{\frac{2}{6}}$$

❶

$$\frac{7}{9} - \frac{5}{9} = \boxed{\frac{2}{9}}$$

❺

$$\frac{5}{8} - \frac{4}{8} = \boxed{\frac{1}{8}}$$

❹

$$\frac{4}{7} - \frac{2}{7} = \boxed{\frac{2}{7}}$$

❸

$$\frac{3}{10} - \frac{2}{10} = \boxed{\frac{1}{10}}$$

❽

$$\frac{7}{10} - \frac{5}{10} = \boxed{\frac{2}{10}}$$

❼

$$\frac{4}{6} - \frac{1}{6} = \boxed{\frac{3}{6}}$$

❻

$$\frac{8}{9} - \frac{3}{9} = \boxed{\frac{5}{9}}$$

● 빼는 분수만큼 ×표 하고, □ 안에 알맞은 수를 써넣으시오. ×표한 칸의 위치가 달라도 ×표한 칸의 개수가 같으면 정답입니다.

$$\frac{8}{14} - \frac{5}{14} = \boxed{\frac{3}{14}}$$

❶

$$\frac{7}{10} - \frac{6}{10} = \boxed{\frac{1}{10}}$$

❷
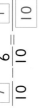

$$\frac{5}{9} - \frac{3}{9} = \boxed{\frac{2}{9}}$$

❸

$$\frac{9}{10} - \frac{6}{10} = \boxed{\frac{3}{10}}$$

❹

$$\frac{10}{16} - \frac{4}{16} = \boxed{\frac{6}{16}}$$

❺

$$\frac{9}{12} - \frac{8}{12} = \boxed{\frac{1}{12}}$$

630 단위분수와 분수 뺄셈

● □ 안에 알맞은 수를 써넣으시오.

①
- 9는 $\frac{1}{8}$이 $\boxed{9}$ 개
- 4는 $\frac{1}{8}$이 $\boxed{4}$ 개
- $\frac{9}{8} - \frac{4}{8} = \boxed{5}$ 개

$$\frac{9}{8} - \frac{4}{8} = \frac{\boxed{5}}{\boxed{8}}$$

- 7은 $\frac{1}{4}$이 $\boxed{7}$ 개
- 2는 $\frac{1}{4}$이 $\boxed{2}$ 개
- $\frac{7}{4} - \frac{2}{4} = \boxed{5}$ 개

$$\frac{7}{4} - \frac{2}{4} = \frac{\boxed{5}}{\boxed{4}}$$

②
- 8은 $\frac{1}{11}$이 $\boxed{8}$ 개
- 6은 $\frac{1}{11}$이 $\boxed{6}$ 개
- $\frac{8}{11} - \frac{6}{11} = \boxed{2}$ 개

$$\frac{8}{11} - \frac{6}{11} = \frac{\boxed{2}}{\boxed{11}}$$

- 7은 $\frac{1}{9}$이 $\boxed{7}$ 개
- 3은 $\frac{1}{9}$이 $\boxed{3}$ 개
- $\frac{7}{9} - \frac{3}{9} = \boxed{4}$ 개

$$\frac{7}{9} - \frac{3}{9} = \frac{\boxed{4}}{\boxed{9}}$$

분모가 같은 분수의 뺄셈은 분모는 그대로 쓰고 분자끼리 뺍니다.

➡ □ 안에 알맞은 수를 써넣으시오.

① $\dfrac{6}{7} - \dfrac{1}{7} = \dfrac{\boxed{5}}{\boxed{7}}$

② $\dfrac{4}{5} - \dfrac{2}{5} = \dfrac{\boxed{2}}{\boxed{5}}$

③ $\dfrac{8}{6} - \dfrac{5}{6} = \dfrac{\boxed{3}}{\boxed{6}}$

④ $\dfrac{9}{8} - \dfrac{4}{8} = \dfrac{\boxed{5}}{\boxed{8}}$

⑤ $\dfrac{5}{9} - \dfrac{2}{9} = \dfrac{\boxed{3}}{\boxed{9}}$

⑥ $\dfrac{7}{7} - \dfrac{3}{7} = \dfrac{\boxed{4}}{\boxed{7}}$

⑦ $\dfrac{8}{8} - \dfrac{6}{8} = \dfrac{\boxed{2}}{\boxed{8}}$

⑧ $\dfrac{12}{13} - \dfrac{8}{13} = \dfrac{\boxed{4}}{\boxed{13}}$

⑨ $\dfrac{7}{6} - \dfrac{4}{6} = \dfrac{\boxed{3}}{\boxed{6}}$

⑩ $\dfrac{11}{10} - \dfrac{6}{10} = \dfrac{\boxed{5}}{\boxed{10}}$

⑪ $\dfrac{6}{7} - \dfrac{1}{7} = \dfrac{\boxed{5}}{\boxed{7}}$

⑫ $\dfrac{9}{12} - \dfrac{1}{12} = \dfrac{\boxed{8}}{\boxed{12}}$

❻ 주차

631 수직선과 분수 뺄셈

● 수직선의 빈칸에 알맞은 수를 쓰고 뺄셈식을 완성하시오.

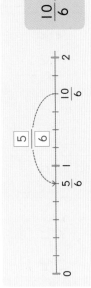

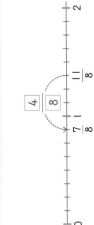

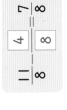

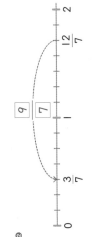

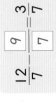

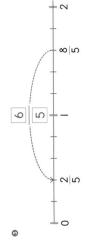

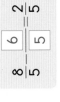

● 수직선의 빈칸에 알맞은 수를 쓰고 뺄셈식을 완성하시오.

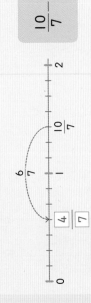

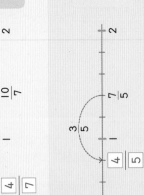

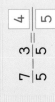

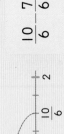

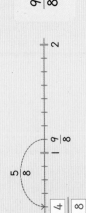

632

분수 하우스

● 뺄셈을 하여 빈칸에 알맞은 수를 써넣으시오.

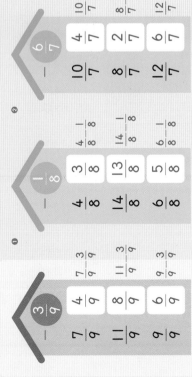

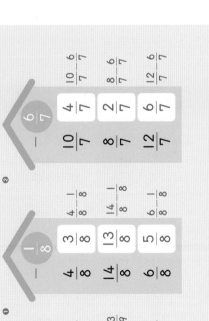

● 빈칸에 알맞은 수를 써넣으시오. ○ 안의 수를 먼저 구합니다.

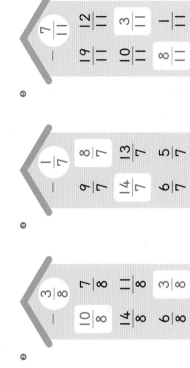

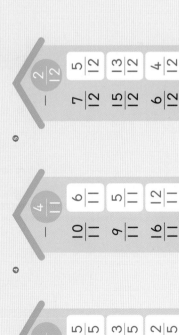

⑥ 주차

이름 : 날짜 :

잘 공부했는지 알아봅시다

1 □ 안에 알맞은 수를 써넣으시오.

$\dfrac{7}{8} - \dfrac{3}{8}$ 은 $\dfrac{1}{8}$ 이 $\boxed{4}$ 개이므로 $\dfrac{7}{8} - \dfrac{3}{8} = \dfrac{\boxed{4}}{8}$

2 계산이 바르게 된 것에 ○표 하시오.

분모가 같은 분수의 뺄셈은 분모는 그대로 쓰고 분자끼리는 뺍니다.

$\dfrac{4}{7} - \dfrac{1}{7} = \dfrac{2}{7}$　　$\dfrac{6}{9} - \dfrac{3}{9} = \dfrac{3}{8}$　　$\dfrac{6}{5} - \dfrac{3}{5} = \dfrac{7}{5}$

$\dfrac{4}{7} - \dfrac{1}{7} = \dfrac{3}{7}$　　$\dfrac{6}{9} - \dfrac{3}{9} = \dfrac{3}{9}$　　$\dfrac{4}{5} - \dfrac{3}{5} = \dfrac{1}{5}$

（$\dfrac{5}{6} - \dfrac{4}{6} = \dfrac{1}{6}$）　○표

3 빈칸에 알맞은 분수를 써넣으시오.

❶

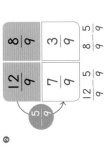

| $\dfrac{12}{9}$ | $\dfrac{8}{9}$ |
| $\dfrac{7}{9}$ | $\dfrac{3}{9}$ |

$\dfrac{5}{9}$

$\dfrac{12}{9}$　$\dfrac{5}{9}$　$\dfrac{8}{5}$
$\dfrac{9}{9}$　$\dfrac{9}{9}$　$\dfrac{9}{9}$

❷

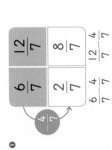

| $\dfrac{6}{7}$ | $\dfrac{12}{7}$ |
| $\dfrac{2}{7}$ | $\dfrac{8}{7}$ |

$\dfrac{4}{7}$

$\dfrac{6}{7}$　$\dfrac{4}{7}$　$\dfrac{12}{7}$　$\dfrac{4}{7}$

4 □ 안에 알맞은 수를 써넣으시오.

❶ $\dfrac{8}{7} - \dfrac{4}{7} = \dfrac{\boxed{4}}{7}$

❷ $\dfrac{5}{8} - \dfrac{1}{8} = \dfrac{\boxed{4}}{8}$

66

7 주차

P.68 • P.69

---

633 가분수로 나타내기

● 대분수와 가분수로 나타내려고 합니다. □ 안에 알맞은 수를 써넣으시오.

$2\frac{5}{6}$

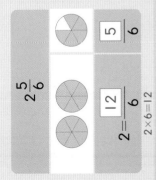

$2 = \dfrac{12}{6}$ $2 \times 6 = 12$ $\dfrac{5}{6}$

$2\frac{5}{6} = 2 + \dfrac{5}{6}$

$= \dfrac{12}{6} + \dfrac{5}{6} = \dfrac{17}{6}$

❶ $3\frac{3}{4}$

$3 = \dfrac{12}{4}$ $3 \times 4 = 12$ $\dfrac{3}{4}$

$3\frac{3}{4} = 3 + \dfrac{3}{4}$

$= \dfrac{12}{4} + \dfrac{3}{4} = \dfrac{15}{4}$

❷ $3\frac{2}{3}$

$3 = \dfrac{9}{3}$ $\dfrac{2}{3}$

$3\frac{2}{3} = 3 + \dfrac{2}{3}$

$= \dfrac{9}{3} + \dfrac{2}{3} = \dfrac{11}{3}$

● 보기와 같이 ■ 안의 대분수를 가분수로 나타내시오.

보기 $5\frac{3}{7}$

$5\frac{3}{7} = 5 + \dfrac{3}{7}$

$= \dfrac{35}{7} + \dfrac{3}{7}$

$= \dfrac{38}{7}$

❶ $2\frac{1}{5}$

$2\frac{1}{5} = 2 + \dfrac{1}{5}$

$= \dfrac{10}{5} + \dfrac{1}{5}$

$= \dfrac{11}{5}$

❷ $3\frac{3}{8}$

$3\frac{3}{8} = 3 + \dfrac{3}{8}$

$= \dfrac{24}{8} + \dfrac{3}{8}$

$= \dfrac{27}{8}$

❸ $4\frac{1}{3}$

$4\frac{1}{3} = 4 + \dfrac{1}{3}$

$= \dfrac{12}{3} + \dfrac{1}{3}$

$= \dfrac{13}{3}$

❹ $2\frac{3}{4}$

$2\frac{3}{4} = 2 + \dfrac{3}{4}$

$= \dfrac{8}{4} + \dfrac{3}{4}$

$= \dfrac{11}{4}$

❺ $5\frac{5}{8}$

$5\frac{5}{8} = 5 + \dfrac{5}{8}$

$= \dfrac{40}{8} + \dfrac{5}{8}$

$= \dfrac{45}{8}$

7주차

634 대분수로 나타내기

● 가분수만큼 색칠하고, 대분수로 나타내시오.

$$2+\frac{4}{5}=2\frac{4}{5}$$

$$\frac{14}{5}=\boxed{2}\frac{\boxed{4}}{\boxed{5}}$$

②

$$\frac{11}{6}=\boxed{1}\frac{\boxed{5}}{\boxed{6}}$$

④

$$\frac{11}{3}=\boxed{3}\frac{\boxed{2}}{\boxed{3}}$$

①

$$2+\frac{1}{4}=2\frac{1}{4}$$

$$\frac{9}{4}=\boxed{2}\frac{\boxed{1}}{\boxed{4}}$$

③

$$\frac{11}{4}=\boxed{2}\frac{\boxed{3}}{\boxed{4}}$$

⑤

$$\frac{16}{6}=\boxed{2}\frac{\boxed{4}}{\boxed{6}}$$

대분수는 자연수와 진분
수로 이루어진 분수입니
다. 가분수를 대분수로
나타냈을 때 자연수와
가분수로 이루어진 분수
가 나오지 않도록 주의
합니다.

● 보기와 같이 ■ 안의 가분수를 대분수로 나타내시오.

$$\boxed{\frac{15}{7}}$$

$$\frac{15}{7}=\frac{14}{7}+\frac{1}{7}$$
$$=2+\frac{1}{7}$$
$$=2\frac{1}{7}$$

①
$$\boxed{\frac{11}{8}}$$

$$\frac{11}{8}=\frac{8}{8}+\frac{3}{8}$$
$$=1+\frac{3}{8}$$
$$=1\frac{3}{8}$$

②
$$\boxed{\frac{15}{4}}$$

$$\frac{15}{4}=\frac{12}{4}+\frac{3}{4}$$
$$=3+\frac{3}{4}$$
$$=3\frac{3}{4}$$

③
$$\boxed{\frac{9}{2}}$$

$$\frac{9}{2}=\frac{8}{2}+\frac{1}{2}$$
$$=4+\frac{1}{2}$$
$$=4\frac{1}{2}$$

④
$$\boxed{\frac{10}{3}}$$

$$\frac{10}{3}=\frac{9}{3}+\frac{1}{3}$$
$$=3+\frac{1}{3}$$
$$=3\frac{1}{3}$$

⑤
$$\boxed{\frac{26}{5}}$$

$$\frac{26}{5}=\frac{25}{5}+\frac{1}{5}$$
$$=5+\frac{1}{5}$$
$$=5\frac{1}{5}$$

635 선잇기

● 가분수를 대분수로 나타내려고 합니다. 빈칸을 채우시오.

❶ $\dfrac{15}{4} = \dfrac{12}{4} + \dfrac{3}{4} = 3 + \dfrac{3}{4} = 3\dfrac{3}{4}$

❷ $\dfrac{21}{5} = \dfrac{20}{5} + \dfrac{1}{5} = 4 + \dfrac{1}{5} = 4\dfrac{1}{5}$

$\dfrac{21}{8} = \dfrac{16}{8} + \dfrac{5}{8} = 2 + \dfrac{5}{8} = 2\dfrac{5}{8}$

● 대분수를 가분수로 나타내려고 합니다. 빈칸을 채우시오.

❸ $7\dfrac{2}{3} = 7 + \dfrac{2}{3} = \dfrac{21}{3} + \dfrac{2}{3} = \dfrac{23}{3}$

❹ $5\dfrac{1}{6} = 5 + \dfrac{1}{6} = \dfrac{30}{6} + \dfrac{1}{6} = \dfrac{31}{6}$

$2\dfrac{2}{11} = 2 + \dfrac{2}{11} = \dfrac{22}{11} + \dfrac{2}{11} = \dfrac{24}{11}$

● 관계있는 것끼리 선으로 이으시오.

월 일

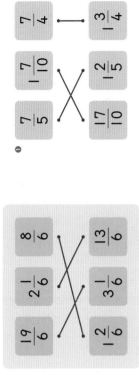

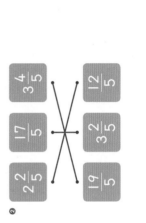

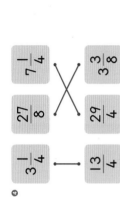

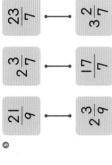

7 주차

636 덧셈과 대분수

● 계산 결과를 대분수로 나타내려고 합니다. □ 안에 알맞은 수를 써넣으시오.

$\dfrac{3}{8}+\dfrac{7}{8}=\dfrac{10}{8}=1\dfrac{2}{8}$

① $\dfrac{8}{3}-\dfrac{1}{3}=\dfrac{7}{3}=2\dfrac{1}{3}$

② $\dfrac{8}{11}+\dfrac{13}{11}=\dfrac{21}{11}=1\dfrac{10}{11}$

③ $\dfrac{16}{9}-\dfrac{4}{9}=\dfrac{12}{9}=1\dfrac{3}{9}$

④ $\dfrac{5}{6}+\dfrac{4}{6}=\dfrac{9}{6}=1\dfrac{3}{6}$

⑤ $\dfrac{17}{7}-\dfrac{2}{7}=\dfrac{15}{7}=2\dfrac{1}{7}$

⑥ $\dfrac{15}{12}+\dfrac{8}{12}=\dfrac{23}{12}=1\dfrac{11}{12}$

⑦ $\dfrac{24}{10}-\dfrac{1}{10}=\dfrac{23}{10}=2\dfrac{3}{10}$

⑧ $\dfrac{11}{8}+\dfrac{14}{8}=\dfrac{25}{8}=3\dfrac{1}{8}$

⑨ $\dfrac{15}{4}-\dfrac{1}{4}=\dfrac{14}{4}=3\dfrac{2}{4}$

⑩ $\dfrac{6}{7}+\dfrac{10}{7}=\dfrac{16}{7}=2\dfrac{2}{7}$

⑩ $\dfrac{28}{5}-\dfrac{4}{5}=\dfrac{24}{5}=4\dfrac{4}{5}$

● 계산 결과를 대분수로 나타내시오.

$\dfrac{11}{7}+\dfrac{8}{7}=\dfrac{19}{7}=2\dfrac{5}{7}$

② $\dfrac{4}{9}+\dfrac{6}{9}=\dfrac{10}{9}=1\dfrac{1}{9}$

④ $\dfrac{3}{5}+\dfrac{9}{5}=\dfrac{12}{5}=2\dfrac{2}{5}$

⑥ $\dfrac{7}{11}+\dfrac{16}{11}=\dfrac{23}{11}=2\dfrac{1}{11}$

⑧ $\dfrac{9}{8}+\dfrac{12}{8}=\dfrac{21}{8}=2\dfrac{5}{8}$

⑩ $\dfrac{5}{4}+\dfrac{8}{4}=\dfrac{13}{4}=3\dfrac{1}{4}$

⑫ $\dfrac{13}{12}+\dfrac{16}{12}=\dfrac{29}{12}=2\dfrac{5}{12}$

① $\dfrac{17}{8}-\dfrac{3}{8}=\dfrac{14}{8}=1\dfrac{6}{8}$

③ $\dfrac{11}{4}-\dfrac{1}{4}=\dfrac{10}{4}=2\dfrac{2}{4}$

⑤ $\dfrac{10}{3}-\dfrac{2}{3}=\dfrac{8}{3}=2\dfrac{2}{3}$

⑦ $\dfrac{31}{6}-\dfrac{5}{6}=\dfrac{26}{6}=4\dfrac{2}{6}$

⑨ $\dfrac{25}{9}-\dfrac{2}{9}=\dfrac{23}{9}=2\dfrac{5}{9}$

⑪ $\dfrac{30}{7}-\dfrac{4}{7}=\dfrac{26}{7}=3\dfrac{5}{7}$

⑬ $\dfrac{21}{5}-\dfrac{3}{5}=\dfrac{18}{5}=3\dfrac{3}{5}$

잘 공부했는지 알아봅시다

1 다음은 가분수를 대분수로 고친 것입니다. 틀린 부분을 찾아 바르게 고치시오.

$$\frac{14}{5} = \frac{5}{5} + \frac{9}{5}$$
$$= 1 + \frac{9}{5}$$
$$= 1\frac{9}{5}$$

➡

$$\frac{14}{5} = \frac{10}{5} + \frac{4}{5}$$
$$= 2 + \frac{4}{5}$$
$$= 2\frac{4}{5}$$

2 대분수를 가분수로, 가분수를 대분수로 바르게 나타낸 것을 찾아 선으로 이으시오.

$$\frac{12}{7} = \frac{7}{7} + \frac{5}{7} = 1\frac{5}{7}$$

$$\frac{16}{7} = \frac{14}{7} + \frac{2}{7} = 2\frac{2}{7}$$

$$\frac{15}{7} = \frac{14}{7} + \frac{1}{7} = 2\frac{1}{7}$$

$\frac{12}{7}$ $2\frac{1}{7}$

$2\frac{1}{7}$ $\frac{15}{7}$

$\frac{16}{7}$ $1\frac{5}{7}$

3 다섯 장의 숫자 카드가 있습니다. 숫자 카드 두 장을 사용하여 분모가 5인 가장 큰 대분수를 만들고 가분수로 나타내시오.

| 1 | 3 | 4 | 7 | 8 |

$8\frac{4}{5}$ ➡ $\frac{44}{5}$

대분수는 자연수와 진분수로 이루어진
분수이므로 분자에 분모 5보다 큰 7과
8을 놓을 수 없습니다.

P.76

7 주차

⑧ 8주차

637 분수의 크기 비교

● 대분수를 가분수로 고치고 분수의 크기를 비교하여 ○ 안에 >, =, < 를 알맞게 써넣으시오.

$\dfrac{5}{2}$ $<$ $3\dfrac{1}{2}=\dfrac{7}{2}$

① $\dfrac{13}{3}$ $<$ $3\dfrac{2}{3}=\dfrac{11}{3}$

② $\dfrac{15}{4}$ $<$ $4\dfrac{3}{4}=\dfrac{19}{4}$

③ $\dfrac{9}{5}$ $=$ $1\dfrac{4}{5}=\dfrac{9}{5}$

④ $\dfrac{6}{6}$ $<$ $3\dfrac{1}{6}=\dfrac{19}{6}$

⑤ $\dfrac{11}{8}$ $>$ $1\dfrac{1}{8}=\dfrac{9}{8}$

● 가분수를 대분수로 고치고 분수의 크기를 비교하여 ○ 안에 >, =, < 를 알맞게 써넣으시오.

$6\dfrac{2}{7}$ $>$ $\dfrac{29}{7}=4\dfrac{1}{7}$

⑥ $4\dfrac{1}{8}$ $>$ $\dfrac{31}{8}=3\dfrac{7}{8}$

⑦ $3\dfrac{2}{5}$ $<$ $\dfrac{18}{5}=3\dfrac{3}{5}$

⑧ $3\dfrac{1}{6}$ $<$ $\dfrac{32}{6}=5\dfrac{2}{6}$

⑨ $2\dfrac{6}{7}$ $>$ $\dfrac{16}{7}=2\dfrac{2}{7}$

⑩ $4\dfrac{1}{3}$ $=$ $\dfrac{13}{3}=4\dfrac{1}{3}$

● 가분수와 대분수의 크기를 비교할 때에는 가분수 또는 대분수로 통일하여 분수의 크기를 비교합니다.
대분수는 자연수 부분이 클수록 큰 수입니다. 자연수 부분이 같은 경우 분수 부분이 클수록 큰 수입니다.
가분수는 분모가 같은 경우 분자가 클수록 큰 수이고, 분자가 같은 경우 분모가 작을수록 큰 수입니다.

● 분수의 크기를 비교하여 ○ 안에 >, =, < 를 알맞게 써넣으시오.

$\dfrac{7}{4}$ $<$ $\dfrac{9}{4}$

$\dfrac{15}{8}$ $>$ $\dfrac{9}{8}$

① $\dfrac{7}{11}$ $>$ $\dfrac{4}{11}$

② $4\dfrac{5}{12}$ $>$ $2\dfrac{3}{12}$

③ $2\dfrac{1}{3}$ $<$ $3\dfrac{1}{3}$

④ $6\dfrac{2}{11}$ $>$ $1\dfrac{10}{11}$

⑤ $\dfrac{17}{12}$ $=$ $1\dfrac{5}{12}$

⑥ $\dfrac{7}{3}$ $>$ $1\dfrac{2}{3}$

⑦ $1\dfrac{5}{8}$ $<$ $\dfrac{15}{8}$

⑧ $\dfrac{1}{3}$ $<$ $\dfrac{9}{8}$

⑨ $6\dfrac{2}{7}$ $>$ $\dfrac{25}{7}$

⑩ $\dfrac{16}{3}$ $>$ $4\dfrac{2}{3}$

⑪ $1\dfrac{3}{8}$ $>$ $\dfrac{9}{8}$

⑫ $\dfrac{5}{6}$ $<$ $2\dfrac{2}{6}$

⑬ $3\dfrac{7}{11}$ $>$ $\dfrac{38}{11}$

⑭ $\dfrac{9}{2}$ $>$ $3\dfrac{1}{2}$

⑮ $\dfrac{6}{8}$ $<$ $\dfrac{11}{8}$

⑯ $5\dfrac{1}{15}$ $>$ $3\dfrac{12}{15}$

⑰ $6\dfrac{1}{6}$ $<$ $\dfrac{38}{6}$

638 숫자 카드 가분수

● 숫자 카드 중 두 장을 사용하여 가분수를 만들고, 대분수로 고치시오.

⊕ 숫자 카드 중 두 장을 사용하여 가분수를 만든 다음, 가장 큰 분수에 ○표 하시오.

① 카드: 3 5 8

$\dfrac{5}{3} = 1\dfrac{2}{3}$
$\boxed{\dfrac{8}{3} = 2\dfrac{2}{3}}$
$\dfrac{8}{5} = 1\dfrac{3}{5}$

② 카드: 2 7 5

$\dfrac{5}{2} = 2\dfrac{1}{2}$
$\boxed{\dfrac{7}{2} = 3\dfrac{1}{2}}$
$\dfrac{7}{5} = 1\dfrac{2}{5}$

③ 카드: 6 7 8

$\dfrac{7}{6} = 1\dfrac{1}{6}$
$\boxed{\dfrac{8}{6} = 1\dfrac{2}{6}}$
$\dfrac{8}{7} = 1\dfrac{1}{7}$

④ 카드: 4 5 9

$\dfrac{5}{4} = 1\dfrac{1}{4}$
$\boxed{\dfrac{9}{4} = 2\dfrac{1}{4}}$
$\dfrac{9}{5} = 1\dfrac{4}{5}$

⑤ 카드: 3 8 7

$\dfrac{7}{3} = 2\dfrac{1}{3}$
$\boxed{\dfrac{8}{3} = 2\dfrac{2}{3}}$
$\dfrac{8}{7} = 1\dfrac{1}{7}$

⑥ 카드: 4 6 9

$\dfrac{6}{4} = 1\dfrac{2}{4}$
$\boxed{\dfrac{9}{4} = 2\dfrac{1}{4}}$
$\dfrac{9}{6} = 1\dfrac{3}{6}$

8 주차

639 숫자 카드 대분수

● 숫자 카드를 한 번씩 사용하여 대분수를 세 개 만드시오.

2	3	7

$2\frac{3}{7}$ $3\frac{2}{7}$ $7\frac{2}{3}$

❶
4	7	6

$6\frac{4}{7}$ $4\frac{6}{7}$ $7\frac{4}{6}$

❷
9	1	4

$1\frac{4}{9}$ $4\frac{1}{9}$ $9\frac{1}{4}$

❸
8	3	5

$3\frac{5}{8}$ $5\frac{3}{8}$ $8\frac{3}{5}$

❹
2	4	5

$2\frac{4}{5}$ $4\frac{2}{5}$ $2\frac{5}{4}$

82

대분수는 자연수와 진분 수로 이루어진 분수입니다. 자연수와 가분수로 이루어진 분수를 만들지 않도록 주의합니다.

● 숫자 카드를 한 번씩 사용하여 만들 수 있는 대분수를 모두 쓰고, 그중 가장 큰 것에 ○표 하시오.

4	5	7

$4\frac{5}{7}$ $5\frac{4}{7}$ $\boxed{7\frac{4}{5}}$

❶
1	6	8

$1\frac{6}{8}$ $6\frac{1}{8}$ $\boxed{8\frac{1}{6}}$

❷
2	3	9

$2\frac{3}{9}$ $3\frac{2}{9}$ $\boxed{9\frac{2}{3}}$

❸
2	3	4

$2\frac{3}{4}$ $3\frac{2}{4}$ $\boxed{4\frac{2}{3}}$

❹
4	5	7

$4\frac{5}{7}$ $5\frac{4}{7}$ $\boxed{7\frac{4}{5}}$

83

사고셈 ● 83

640 네모 대소

● □ 안에 들어갈 수 있는 수에 모두 ○표 하시오.

$\dfrac{\square}{7} > \dfrac{6}{7}$

4　5　6　(7)　(8)

분모가 같은 분수는 분자가 클수록 큰 수이므로 □안에는 6보다 큰 수인 7, 8이 들어갈 수 있습니다.

① $\dfrac{\square}{8} < \dfrac{11}{8}$

(9)　(10)　11　12　13

분모가 같은 분수는 분자가 클수록 큰 수이므로 □안에는 11보다 작은 수인 9, 10이 들어갈 수 있습니다.

② $\dfrac{\square}{11} > \dfrac{15}{11}$

13　14　15　(16)　(17)

③ $\dfrac{7}{\square} < \dfrac{7}{5}$

3　4　5　(6)　(7)

④ $\dfrac{11}{8} > \dfrac{11}{\square}$

(6)　7　8　9　10

⑤ $\dfrac{10}{\square} < \dfrac{10}{9}$

8　9　(10)　(11)　(12)

⑥ $\dfrac{\square}{5} > 4\dfrac{3}{5}$

1　2　3　4　(5)

⑦ $\dfrac{\square}{6} < 9\dfrac{5}{6}$

(7)　(8)　9　10　11

● □ 안에 들어갈 수 있는 수를 모두 쓰시오.

$\dfrac{8}{7} < \dfrac{\square}{7} < \dfrac{12}{7}$

9　10　11

① $\dfrac{13}{8} < \dfrac{\square}{8} < \dfrac{17}{8}$

14　15　16

② $\dfrac{18}{14} < \dfrac{18}{\square} < \dfrac{18}{10}$

13　12　11

③ $\dfrac{11}{7} < \dfrac{11}{\square} < \dfrac{11}{3}$

4　5　6

④ $3\dfrac{5}{7} < \dfrac{4}{\square} < 7\dfrac{2}{7}$

4　5　6

⑤ $7\dfrac{3}{10} < \dfrac{7}{\square} < 9\dfrac{9}{10}$

7　8　9

⑥ $\dfrac{6}{5} < \dfrac{\square}{5} < 4\dfrac{1}{5}$

1　2　3

⑦ $\dfrac{10}{3} < \dfrac{\square}{3}2 < \dfrac{18}{3}$

3　4　5

8 주차

잘 공부했는지 알아봅시다

1 두 분수의 크기를 비교하여 ○ 안에 >, =, <를 알맞게 써넣으시오.

① $\dfrac{7}{4}$ ⃝$=$ $1\dfrac{3}{4}$

② $1\dfrac{3}{5}$ ⃝$>$ $\dfrac{7}{5}$

③ $\dfrac{11}{6}$ ⃝$>$ $1\dfrac{4}{6}$

2 다음 분수 중에서 가장 큰 분수에 ○표, 가장 작은 분수에 △표 하시오.

$\boxed{\dfrac{19}{8}}$ $1\dfrac{7}{8}$ $\triangle\dfrac{3}{8}$ $2\dfrac{1}{8}$ $\dfrac{15}{8}$

3 숫자 카드 두 장을 사용하여 가장 큰 가분수로 만들고 대분수로 고치시오.

7   4   9

7, 4, 9 중 가장 작은 수를 분모에 가장 큰 수를 분자에 놓아 가장 큰 가분수를 만듭니다.

$\dfrac{9}{4} = 2\dfrac{1}{4}$

4 □ 안에 들어갈 수 있는 수 중 가장 작은 수를 구하시오.

① $\dfrac{\square}{7} > \dfrac{6}{7}$ 7

분모가 같은 분수는 분자가 클수록 큰 수이므로 □ 안에 들어갈 수 있는 수는 6보다 큰 수 중 가장 작은 수는 7입니다.

② $\square\dfrac{2}{7} > 4\dfrac{3}{7}$ 5

분수 부분이 $\dfrac{2}{7} < \dfrac{3}{7}$ 이므로 자연수 부분은 4보다 큰 수가 들어가야 합니다. 그중 가장 작은 수는 5입니다.